Recrutez des docteurs pour booster votre entreprise

Groupe Eyrolles
61, bd Saint-Germain
75240 Paris Cedex 05

www.editions-eyrolles.com

Dans la même collection :

François Baty-Sorel et Frédérique Deloffre-Vye,
Projet professionnel et doctorat : un duo gagnant

© Groupe Eyrolles, 2009
ISBN : 978-2-212-54302-5

Bruno Carrias

Recrutez des docteurs pour booster votre entreprise

Sous la direction de Martine Pretceille, professeur des universités
et directrice de l'Association Bernard Gregory

Préface de Laurence Parisot

SOMMAIRE

ANNEXES

Le caractère original de la crise mondiale que nous traversons, c'est la simultanéité de tous les coups de frein donnés sur les économies avancées. Alors même que, parmi les symptômes les plus immédiats, les difficultés de trésorerie des entreprises et la chute des carnets de commande n'ont pas disparu, loin s'en faut, nous nous apercevons aussi qu'ils masquent à peine des ruptures profondes, annonciatrices de l'économie du XXIe siècle.

La quasi totalité des experts reconnaissent la fin d'un cycle dont les fondamentaux furent mis en place depuis plusieurs décennies. La réponse à de nouveaux défis comme l'intégration des économies émergentes dans l'économie globale, la gestion de ressources rares et les questions d'énergie, la croissance verte, les évolutions démographiques et l'utilisation des nouvelles technologies, ne peut plus attendre. Elle doit être mondiale.

La crise est une concentration et une accélération des mutations auxquelles sont confrontées depuis trente ans nos entreprises dans une économie mondialisée. Il ne faut donc pas renoncer aux réformes structurelles qui pourront permettre à nos économies de profiter pleinement de la reprise. Les spécialistes de la culture chinoise rappellent que l'idéogramme « *Wei Ji* », qui représente la crise, est la résultante de l'association des idéogrammes « *Wei* » (danger) et « *Ji* » (opportunité).

Dans ce contexte de profonde mutation, quels seront les bons grains d'une nouvelle période de prospérité et d'une dynamique de long terme, et quelle en sera l'ivraie ? La crise n'entérine nullement la fin du capitalisme. Mais le respect de certaines règles éthiques et de bon sens retrouve toute son importance. Nous devons les adopter résolument pour éviter qu'un excès de régulation ne nous conduise à l'incapacité. Nous devons défendre l'entreprise jusqu'au bout, car la solution de la crise, la prospérité et le progrès social, ce sont les entreprises qui les portent.

Afin de réenchanter le monde de demain nous avons besoin de mobiliser toutes les intelligences, tous les talents, toutes les sensibilités, toutes les compétences… Mon engagement et mon action en tant que présidente du Medef reposent sur la conviction que nous devons libérer la créativité et l'entrepreneuriat en privilégiant l'intelligence, la diversité et l'innovation. Dans ce combat, les compétences des docteurs, acquises par la formation à la recherche, sont une chance et une force pour l'entreprise.

Je ne pouvais qu'accepter avec plaisir de préfacer cet ouvrage, qui en fait la démonstration et s'inscrit naturellement dans les nombreuses actions engagées par le Medef pour valoriser la recherche et l'innovation au sein de l'entreprise et les docteurs qui en sont les acteurs privilégiés.

Laurence PARISOT
Présidente du Medef

À ma famille,

à l'association Bernard Gregory et en particulier à sa directrice Martine Pretceille qui a notamment rendu possible cette collection,

au député Pierre Lasbordes à qui je dois mon intérêt pour la recherche et les docteurs,

à Michel Godet pour son impertinence créatrice,

à Maïwenn Corrignan, ancienne présidente de la CJC, pour sa précieuse contribution,

à Véronique Morali, Charles Beigbeder et aux membres des commissions Recherche-Innovation et Dialogue économique du Medef pour leurs investissements dans l'innovation, la recherche et l'emploi des docteurs,

aux représentants de l'ANDèS et de la CJC pour leurs nombreux apports,

aux membres de mon « comité de relecture », et plus particulièrement à Rachid Aït-Mansour, Pierre Beuzit, Laurent Gouzènes et Philippe Neau,

à tous mes amis docteurs et entrepreneurs,

pour leurs conseils, leurs suggestions et leur amitié.

Pourquoi et pour qui ce livre ?

*« Ce n'est pas parce que c'est difficile que nous n'osons pas,
mais c'est parce que nous n'osons pas que c'est difficile. » (Sénèque)*

Force est de constater que l'on se heurte aujourd'hui en France à la difficulté de voir reconnaître par de nombreux acteurs économiques les atouts de la formation doctorale, alors que partout ailleurs dans le monde ces atouts constituent une évidence !!! L'existence en France du puissant réseau d'écoles d'ingénieurs et de commerce qui constitue un de nos atouts dans la compétition mondiale ne peut justifier – même s'il y concourt indirectement et à son corps défendant – le déficit d'image et de développement de la place des docteurs dans les entreprises.

La source de cette situation est due, pour une large partie, au manque de coopération entre le monde de l'université et le monde de l'entreprise, qui nourrit des représentations réciproques parfois à la limite du caricatural, et l'absence de confiance et de dynamique entre les entreprises et les filières académiques et de la recherche.

Cette situation est renforcée par une connaissance insuffisante de l'entreprise par les docteurs issus des filières purement universitaires. Ces derniers alimentent une appréhension vis-à-vis des opportunités de carrière en entreprise. De la même manière, les dirigeants d'entreprises, étant majoritairement issus des écoles de commerce ou d'ingénieurs, ne connaissent pas bien l'Université et en ont une image biaisée, entachée de nombreux *a priori*.

L'association Bernard Gregory, à l'initiative de cette collection dédiée aux compétences doctorales, m'a sollicité pour rédiger un ouvrage qui permettrait de mettre en évidence l'intérêt qu'ont et qu'auraient les entreprises à embaucher des docteurs pour assurer leur développement et leur compétitivité sur les moyen et long termes. N'étant pas docteur, je ne pouvais être soumis à une quelconque pression affective, ni tenté par une démonstration *pro domo* en faveur de mes coreligionnaires.

Je fonde donc simplement l'espoir que ces quelques réflexions de bon sens ou recommandations pratiques pourront apporter une petite contribution au développement de l'emploi des docteurs dans les entreprises, et ce pour le bénéfice de l'ensemble de notre économie, de notre prospérité collective et de l'emploi.

Le lien structurel entre la faiblesse de l'emploi des docteurs dans l'entreprise et la relative faiblesse de l'innovation dans notre économie est déterminant et sera sous-jacent à l'ensemble de notre réflexion.

Les convictions qui nous animent sont les suivantes :

- il faut voir loin, tout en instrumentant court ;
- aujourd'hui comme demain, et plus que jamais, les hommes font et feront la différence ;
- l'innovation et l'anticipation sont au cœur de la réussite des entreprises ;
- il faut briser certaines « parois de verre » ;
- enfin, tout peut redevenir possible entre les entreprises et les docteurs.

Le défi est aujourd'hui de continuer à transformer les perceptions et représentations de tous les acteurs qu'ils soient : les managers et les responsables des ressources humaines de la très grande entreprise à la PME, les responsables universitaires et de centres de recherche, les enseignants, les chercheurs, les responsables de l'orientation professionnelle, les docteurs et les doctorants et leurs associations…

Il s'agit aussi de modifier l'ensemble de l'écosystème en associant tous les acteurs du marché de l'emploi (cabinets de recrutement, Pôle emploi, Apec, moteurs de recherche, presse spécialisée…) et plus largement, les décideurs politiques, les journalistes et le grand public.

Cette démarche doit se fixer comme principaux objectifs de :

- renforcer la dynamique de recherche et d'innovation pour nos entreprises ;
- accroître la présence des docteurs dans les entreprises dans les activités de recherche et développement, et plus globalement dans toutes les responsabilités liées au management de l'innovation.

Pour ce faire, il apparaît indispensable de :

- valoriser les apports réciproques des formations doctorales pour les entreprises et les opportunités des parcours professionnels en entreprise pour les doctorants et les docteurs ;
- favoriser toutes les coopérations des doctorants avec l'entreprise (projet de recherche, conventions Cifre, missions doctorants-conseils, conférences métiers…) ;
- mieux préparer les doctorants à l'élaboration de leur projet professionnel et à leur devenir sur le marché du travail par une meilleure connaissance de l'entreprise, du tissu économique, des métiers, des méthodes et outils de recherche d'emploi ;
- générer un réflexe d'intérêts réciproques pouvant se décliner sous toutes formes appropriées (offres d'emploi et candidatures, salons, partenariats écoles doctorales/entreprises et/ou branches d'activités, échanges d'expériences, témoignages…).

Dans cette perspective, ce livre se veut pratique et pédagogique. Il s'adresse à l'ensemble des acteurs concernés afin de favoriser leur compréhension réciproque et leur rencontre.

CHAPITRE 1

Innover ou mourir : la loi d'airain des entreprises

Dans leur rapport d'information sur la stratégie de recherche et d'innovation en France, les sénateurs Joseph Kergueris et Claude Saunier faisaient apparaître que «les études économiques convergent pour reconnaître à la recherche et à l'innovation un rôle central pour la croissance économique. Toutefois, certains assimilent hâtivement croissance, innovation, R&D, R&D publique et recherche fondamentale publique : si tous ces éléments sont corrélés positivement, le lien est cependant loin d'être mécanique. Il convient, par exemple, de distinguer la recherche de l'innovation : seule l'innovation est créatrice de richesse, tandis que la recherche conditionne, dans une certaine mesure, l'innovation. Par ailleurs, recherche et croissance sont, elles-mêmes, indissolublement liées à l'enjeu de développement durable. »

La recherche aboutit à l'accroissement des connaissances. Pour autant, l'accroissement des connaissances, s'il la favorise, n'induit pas nécessairement l'innovation, créatrice de richesse et d'emploi. La vision trop mécaniste liant recherche à innovation, séduisante et rassurante par son caractère simplificateur a été probablement l'une des clés de l'échec de la recherche publique française à créer des emplois

1. Faire de la mondialisation une fantastique opportunité

1.1. Anticiper

Pour optimiser sa valeur ajoutée

Connaissances et compétences pouvant se diffuser très rapidement et être appropriées, y compris par des pays émergents, le suiveur ne fera plus recette s'il n'est pas très agile et rapide.

Dès lors, pour maintenir leur compétitivité, leur profitabilité, leurs emplois et leurs acquis sociaux, nos entreprises sont condamnées à innover en permanence. Du fait de la massification des marchés et des normes de fait ou de droit, le cycle de vie des produits et services (développement/introduction/croissance/maturité/déclin) impose le développement et le lancement permanents et récurrents de nouveaux produits ou l'amélioration de produits existants pour tenter de bénéficier :

« L'économie française doit passer au stade de l'innovation et de la connaissance. »

Jean-Hervé Lorenzi,
professeur à l'université de Paris-Dauphine,
président du Cercle des économistes,
membre du Conseil d'analyse économique.

- d'un couple optimal marges élevées/volume des ventes avant que les positions des concurrents ne tirent les prix à la baisse ;
- de situations exceptionnelles (mais à la mesure du risque pris en lançant les investissements de recherche et développement et de commercialisation) bien que temporaires sur le marché, par le dépôt de brevets.

La bataille pour imposer la norme du successeur du DVD qui a pris fin par la victoire par KO du disque Blu-ray de Sony est représentative des enjeux considérables pouvant être associés à la recherche et à l'innovation.

Pour autant, disposer d'un capital de recherches n'est pas toujours suffisant si l'on n'en tire pas pleinement parti.

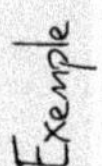

Des sociétés comme Xerox ou Bell Labs n'ont pas toujours su tirer profit de l'avantage concurrentiel de certaines de leurs innovations.

L'innovation n'est pas une fin en soi. Elle n'a d'intérêt que si d'une part elle répond à une attente du marché et d'autre part si elle correspond à la stratégie de l'entreprise.

Le suiveur agile évoqué plus haut est généralement un innovant qui prend le risque de laisser l'un de ses concurrents « faire le marché », soit parce qu'il n'est pas encore complètement convaincu de l'opportunité, soit parce qu'il dispose des capacités de conception, de production et de distribution pour combler son retard lors de la montée en puissance du marché qu'il laisse initier par son concurrent. Innovateur et suiveur agile partagent le souci d'identifier et d'anticiper toute opportunité de développer de nouvelles activités en s'appuyant sur l'innovation et l'introduction rapide de nouveaux produits et services porteurs d'avantages concurrentiels.

Pour concilier au mieux la stabilité et la flexibilité des organisations

Trop de flexibilité se fait au détriment de l'énergie de l'entreprise et trop de réactivité se fait au détriment de l'efficacité de l'action. Dès lors, il devient impératif pour l'optimisation du fonctionnement des organisations, d'identifier le plus en amont possible les ruptures afin de limiter les incertitudes, les à-coups ou les revirements toujours coûteux et démobilisateurs.

> « Le plus difficile n'est pas de faire les bons choix, mais d'être sûr que l'on réussisse à ce que chacun se pose les bonnes questions. »
>
> Michel Godet, Philippe Durance,
> *La Prospective stratégique*

Ces ruptures qui influent sur le destin de l'entreprise – ou tout au moins sur sa compétitivité et/ou sa profitabilité – sont de multiples natures : politiques, sociales, économiques, fiscales, technologiques, réglementaires ou normatives… La mondialisation, par exemple, affecte le rapport à l'espace au sein de l'organisation de l'entreprise : où dois-je localiser mes forces de production, mes équipes de R&D, mes agences commerciales ?

Exemple : Des entreprises multinationales ayant délocalisé leurs unités de production en Inde ou en Chine sont déjà amenées à réfléchir à des relocalisations dans leurs pays d'origine (le poids de certains paramètres modifiant l'intérêt de la décision initiale) ou au maintien de leur approche de réduction des coûts en étudiant, par exemple, des implantations au Vietnam.

Peut-on imaginer de meilleurs éclaireurs que les docteurs, généralement en relation étroite avec tout ce qui se fait de meilleur à travers le monde dans les différents laboratoires de recherche et les équipes de R&D ?

Bull n'aurait pas pu mettre au point nombre de ses produits sans une coopération étroite avec l'Institut national de recherche en informatique et en automatique (Inria) et avec de nombreux laboratoires et chercheurs associés à travers le monde. Il en est de même pour la filière aéronautique et spatiale, pour la chimie ou l'industrie des médicaments. La performance de la Bourse en produits dérivés a incontestablement bénéficié de la qualité des équipes de recherche françaises dans les mathématiques financières qui ont investi des champs originaux comme la modélisation des comportements (par exemple, les travaux des équipes de Nicole El Karoui, professeur à l'École polytechnique et à l'université Paris 6, considérée parmi les précurseurs du développement des mathématiques financières depuis la fin des années 1980).

Nous ne pourrons plus composer très longtemps avec les deux raisons qui expliquent pourquoi les docteurs sont peu prisés dans les entreprises françaises :

- le manque d'entreprises high-tech dans le tissu économique français fait qu'au global les entreprises françaises sont parmi celles du monde industrialisé qui font le moins de recherche ;

- l'entreprise française n'aime pas les ruptures qui remettent en cause tout l'acquis de connaissances et de pratiques, mais probablement aussi, tout son système interne de pouvoirs et de représentations sociales.

1.2. Procéder à une réallocation permanente des ressources

Réallouer pour assurer une performance durable à l'entreprise

Dans un article de l'hebdomadaire *Challenges*, le cabinet Estin & Co, l'un des conseils en stratégie les mieux introduits auprès des entreprises du CAC 40, fait les deux constats suivants :

- « Un patron du CAC 40, qui vit sur des activités mûres et est implanté majoritairement en Europe de l'Ouest ne peut guère faire mieux que 5 % de croissance annuelle… »

- « La plupart des grands groupes européens consacrent l'essentiel de leurs investissements à leurs activités mûres. »

Est-ce une fatalité ? Non, et certaines entreprises ont des croissances qui surperforment sur la durée de parfois 10 à 20 points par rapport à la performance de leur secteur d'activité. Il appartient donc aux entreprises moins performantes de mettre impérativement en œuvre autre chose si elles veulent échapper à ce qui semblerait une contrainte structurelle en modifiant leur attitude trop conservatrice : la réallocation permanente des ressources. Par ressources, il faut entendre aussi bien ressources financières qu'humaines, et conjuguer la mobilité intellectuelle à la mobilité géographique.

Réallouer des ressources à bon escient pour les affecter à des activités porteuses et plus rémunératrices, c'est pouvoir mobiliser davantage de moyens humains et financiers pour développer la croissance par l'innovation. C'est accepter de remettre en cause des habitudes ou des situations confortables et assumer pleinement ses responsabilités d'entrepreneur pour maintenir la compétitivité et la profitabilité de l'entreprise. C'est aussi, pour l'entrepreneur, une occasion d'assumer pleinement sa contribution sociale à la prospérité de la société et au développement de l'emploi.

> « La vraie réussite d'une équipe, c'est d'assurer la compétitivité dans la pérennité. »
>
> Alain Prost

Il y a quelques années, deux études du Massachusetts Institute of Technology (MIT) et de l'Institut européen d'administration des affaires (Insead) faisaient apparaître que les secrets des entreprises centenaires reposaient en particulier sur le refus d'une optimisation exacerbée des actifs dans une vision à court terme et sur la capacité de réallouer des ressources en permettant à l'entreprise de pouvoir totalement (et parfois plusieurs fois) changer de métier.

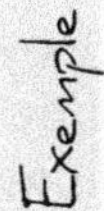

De la galaxie Wallenberg en Suède au groupe Danone, plus près de nous, passant avec une extraordinaire réussite du verre à l'agroalimentaire, la réallocation pertinente des ressources peut faire état de quelques réussites exemplaires.

À tort, beaucoup trop d'entreprises françaises se considèrent comme appartenant à un petit pays qui n'a pas le pouvoir de maîtriser son avenir. Elles ne croient donc pas aux plans à long terme (comme le Japon par exemple) et préfèrent miser sur le savoir-faire plutôt que sur l'aventure technologique. Les réussites des entreprises de petits pays comme la Corée, la Finlande, la Suède ou encore la Suisse démontrent que la taille d'un pays n'est pas un obstacle à une démarche stratégique de développement sur le long terme.

Réallouer au profit de l'innovation

La croissance est un processus de destruction créatrice qui repose sur la mise en œuvre d'un grand nombre de projets – certains réussiront, d'autres échoueront, c'est la loi d'airain de l'entreprise, de l'innovation et de la recherche. Plus les conséquences éventuelles d'un échec sont rendues coûteuses par l'écosystème, plus la réallocation des ressources est difficile, plus le potentiel global de croissance de l'économie sera faible.

Toutes les entreprises ne sont pas en position identique car les rigidités et contraintes liées à l'aversion pour le risque augmentent les coûts des entreprises innovantes au regard de ceux des entreprises les plus mûres ou plus conservatrices.

Une large partie du potentiel de recherche et d'innovation que représentent les docteurs n'est pas mobilisée en France. Cette situation préjudiciable a des causes psychologiques (encore trop d'aversion pour le risque, chez les entreprises comme chez les docteurs) et des causes liées aux nombreux freins qui ne permettent pas en France une réallocation dynamique des ressources, notamment humaines (rigidité des statuts, manque de flexibilité dans la décision d'embaucher ou de licencier, manque de flexibilité en ce qui concerne la gestion du temps de travail ou l'affectation des tâches, inefficacité relative de la formation professionnelle, gestion prévisionnelle des emplois et des compétences peu efficiente…).

Cette situation est d'autant plus surprenante que la réalité des carrières des docteurs et des chercheurs en entreprise montre, au contraire, une grande dynamique et fluidité au sein de l'entreprise, l'intégration initiale dans une activité de R&D comme chercheurs étant suivie pour la majorité des docteurs par la prise de responsabilités dans d'autres fonctions d'expertise, de management de l'innovation ou de direction.

1.3. S'adapter et se redéployer plus vite que les autres

Le temps de l'entreprise est bouleversé par la vitesse de circulation et de traitement de l'information et par la globalisation du marché mondial. L'usage intensif des technologies de l'information et d'Internet rend encore plus prégnant le sentiment d'urgence et d'immédiateté. Cette accélération du temps nous rappelle la pertinence de la remarque de L. Mumford (*Techniques et Civilisation*, 1934) selon laquelle l'horloge, beaucoup plus que la machine à vapeur, constituait le vrai moteur de la révolution industrielle. Cette instantanéité a une incidence directe sur la qualité de la réflexion stratégique en amont, la durée de vie des décisions et le cycle de vie des activités. Pour s'adapter et se redéployer plus vite que les autres, il appartient aux entreprises de bien distinguer entre le court, le moyen et le long terme, entre le rapide et le lent.

La part de l'intelligence mise dans les processus de décision et d'exécution, la synchronisation des temps et enfin la rapidité et la qualité de l'exécution seront déterminantes pour garantir à l'entreprise d'être juste à temps sur son marché et d'avoir identifié tous les points clés, contraintes ou obstacles qui pourraient l'empêcher d'aboutir au moins aussi vite que ces principaux concurrents.

Google, vis-à-vis de Yahoo en ce qui concerne la conquête des recettes publicitaires mondiales sur Internet, et Apple, dans sa stratégie *a priori* insensée de verrouillage de iTunes pour se constituer une position dominante en matière de diffusion musicale, constituent deux exemples où la vitesse d'implémentation a creusé l'écart avec des concurrents pourtant initialement mieux placés.

1.4. Décider dans un environnement complexe et en mutation permanente

Dans la vie quotidienne de l'entreprise, une large part des décisions est prise sur la base d'intuitions et d'expériences passées. Or ce type de stratégie d'une part ne peut s'appliquer qu'à des problèmes familiers, et renforce d'autre part les positions conservatrices et les aléas.

L'environnement des décideurs est de plus en plus complexe. Il évolue rapidement et implique des situations nouvelles, compliquées et interdépendantes. Il s'avère donc nécessaire d'adapter en permanence sa stratégie au vu de la rapidité de changement de l'écosystème dans lequel baigne l'entreprise : concurrence, ressources mobilisables, réglementation, normes, ruptures technologiques, attentes du marché. De plus, la sanction et le coût des erreurs sont de plus en plus élevés en raison de la complexité et de l'importance des conséquences engendrées par une décision et de la chaîne de réaction dans les différentes parties de l'organisation.

> « Il n'est rien de plus constant que le changement. »
>
> Bouddha

Or le monde de l'entreprise, pour être efficient, se doit d'être un peu réducteur pour faciliter par le sens et l'action, la mobilisation des ressources vers l'atteinte d'objectifs précis et concrets. Comment, dans ces conditions, conjuguer une analyse suffisamment exhaustive et l'indispensable prise de décision ? Comment identifier les informations pertinentes et disposer des informations en temps opportun ?

Pour cela, l'entreprise a besoin de disposer de compétences d'analyse et de veille d'excellente qualité, pouvant prendre une distance suffisante au regard de points de vue ou de contraintes trop exclusivement opérationnels. Ces compétences doivent être aptes à évoluer dans des environnements complexes et incertains. Elles doivent également être capables d'élaborer des hypothèses qu'il s'agira de valider dans les meilleurs délais afin d'éclairer, en toute connaissance de cause, la prise de décision.

La formation doctorale, construite sur une première expérience de recherche, répond à ces critères, et prédispose les managers à la prise de décision dans un environnement complexe et en mutation permanente.

1.5. Réussir dans un monde multiculturel et multidisciplinaire

Savoir s'adapter et s'ouvrir au monde

Pour une entreprise française opérant sur des marchés étrangers, la réussite réside autant dans la qualité du projet et des produits que dans la capacité d'appréhender et de comprendre les spécificités – notamment culturelles – des activités hors métropole ou avec des partenaires étrangers. Il en va de même pour une entreprise multinationale s'implantant en France, qui doit s'adapter aux comportements et aux règles du jeu du marché français.

Réussir à uniformiser à l'échelle mondiale un processus de fabrication ou de distribution en prenant en compte les spécificités des marchés locaux, identifier les synergies potentielles et concevoir des collaborations avec des partenaires étrangers, surmonter les différences pour faire travailler ensemble des hommes et des femmes de cultures diverses sur un projet commun d'entreprise… Le management interculturel s'impose comme un enjeu majeur pour la réussite des entreprises dans une économie désormais mondialisée.

« Je suis actuellement responsable chargé d'affaires au sein de la direction technique. Cette fonction transverse, au carrefour du business development, de la R&D, de la production et du service clients, m'a permis de valoriser les compétences acquises durant mon doctorat. L'apport majeur de ma formation doctorale est l'acquisition d'une méthodologie pour la recherche et le développement avec une stratégie d'innovation, ainsi que les clés d'un partenariat public-privé efficace. Mon doctorat m'a également apporté une très grande autonomie dans mon travail avec la capacité à travailler en équipe, ainsi qu'une indispensable sensibilisation à l'environnement multiculturel. »

A.C., docteur en optique et physique des lasers, chargé d'affaires au sein de Thalès Laser.

Travailler en mode systémique et multidisciplinaire

Sociétés humaines, marchés, projets, produits sont abordés de plus en plus comme des systèmes. Les interactions entre les éléments et l'organisation collective en fonction d'un but sont alors aussi déterminantes que chacun des éléments. Cette démarche impose de concilier approches analytiques et approches systémiques.

Ainsi, il n'apparaît plus suffisant aujourd'hui à Essilor de maîtriser l'optique, le marketing, la fabrication et la diffusion pour vendre de manière optimale ses produits. Pour cette raison, l'entreprise a su s'attacher des expertises qui semblent éloignées de ses métiers de base, comme celles d'un docteur en psychologie pour mieux identifier les facteurs de rejet des lentilles, par exemple.

En matière de développement durable et de respect de l'environnement, les implantations d'usines, d'infrastructures ou d'exploitation des ressources naturelles s'appuient désormais sur des études d'impact qui font intervenir de multiples compétences, puisant aussi bien dans les sciences dures que dans les sciences humaines et sociales.

La création d'une unité de traitement de déchets industriels va s'accompagner, par exemple, d'une évaluation des risques et d'un dispositif de surveillance permettant d'identifier les atteintes et les nuisances à la santé et à l'environnement. Architectes, ingénieurs, biologistes, experts en sécurité, logisticiens, urbanistes, spécialistes du développement local vont devoir travailler en parfaite cohérence et synergie tout au long du cycle de vie, de la conception de l'usine jusqu'à la réhabilitation du site lors de son démantèlement.

Ce besoin de mobiliser des expertises multiples et de manager des projets complexes et multidisciplinaires a conduit les grandes entreprises à développer des pôles d'expertises internes et, de plus en plus, à externaliser une large part de ces activités à des entreprises ou cabinets spécialisés dont les équipes sont composées généralement d'experts issus de formation doctorale ou de grandes écoles.

2. Quatre recettes pour surperformer dans la durée

> « *Les compagnies prospères se développent grâce au changement et parce qu'elles savent relever les défis et saisir les opportunités qui l'accompagnent.* »
> (Thomas Friedman, *La Terre est plate, une brève histoire du xxie siècle*.)

Quatre domaines paraissent aujourd'hui déterminants pour faire gagner durablement l'entreprise :

- l'excellence ;
- la veille et l'innovation ;
- la diversité et la gestion de la complexité ;
- l'accès aux meilleures compétences mondiales.

2.1. Relever le challenge de l'excellence

L'excellence se décline dans l'expression du projet d'entreprise et dans sa mise en œuvre opérationnelle. Elle se décline aussi dans la qualité des produits et des services, dans les processus qui les délivrent, dans les attitudes individuelles et collectives des collaborateurs, dans la qualité des relations avec les clients, les partenaires et les sous-traitants… Elle se décline, enfin, de plus en plus dans les relations de l'entreprise avec son environnement.

Ambition et humilité se conjuguent au service de l'excellence. Dans le domaine de la construction de voiliers de très haute compétition dans lequel intervient Décision SA, « il faut de l'expérience, de la méthode, il faut être capable de se remettre en question. L'excellence vient de l'amélioration de toutes ces petites choses. Ce n'est pas parce qu'on a construit un bateau qui gagne que le suivant doit être pareil : il faut déterminer où étaient les erreurs qu'on a faites dans le bateau qui a gagné ainsi que les points positifs du bateau à succès, afin de garder les bons points et d'éliminer les points faibles. Vous devez être capables en permanence de vous remettre en question, de vous reposer des questions et de continuer à chercher. »

C'est au même diagnostic qu'arrive Jim Collins, chroniqueur au *New York Times*. Il a étudié onze entreprises moyennes américaines ayant généré des surperformances dans leurs secteurs d'activité et ayant eu des destinées exceptionnelles après des débuts modestes, tel Abbott, Gillette, Kimberly-Clarck, Philips Morris, ou encore Wells Fargo. Deux grands facteurs de succès ressortent de son analyse[1] et expliquent le passage à une surperformance :

> « Le monde de la recherche est un secteur dont les réussites et les échecs contribuent à déterminer le rang des économies nationales sur la scène mondiale. [...] Le recrutement des talents, leur rémunération, leur évaluation et les incitations à la créativité devraient être considérées comme autant de questions de première importance. »
>
> Thierry Pech, *La République des idées*

- le *facteur humain* est toujours au cœur de la réussite (qualité du management, mais aussi des compétences et talents composant l'entreprise) – ce que certaines de nos entreprises pourraient avoir tendance à oublier en privilégiant une gestion excessive des actifs sur le court terme ;
- une culture construite sur la *recherche permanente de l'excellence* qui s'appuie sur un objectif maintenu dans le temps malgré certaines difficultés conjoncturelles. Cette culture d'excellence fait sens et mobilise les énergies et les talents.

Les talents sont toujours au cœur de la réussite

Les équipes des entreprises étudiées rassemblent autour d'un leader charismatique – pas nécessairement médiatique – des individus de haut niveau, de forte personnalité et porteurs d'expériences diversifiées et souvent originales, tout en maintenant entre eux une très grande cohésion fédérée par un projet fort, ambitieux, réaliste et partagé.

---

1. Jim Collins, *De la performance à l'excellence*, Village mondial, 2006.

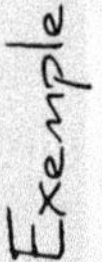

« Chez BMW, qui a fait de l'innovation sa raison d'être, la chasse aux talents revêt une dimension particulière. Le constructeur automobile prospecte en effet régulièrement pour des métiers qui n'existent pas encore mais qui seront un jour nécessaires. »
Comme l'explique Norbert Reithofer, président du directoire de BMW : « C'est dès à présent qu'il faut cerner les compétences dont nous aurons besoin demain. Pour concevoir, produire et commercialiser avec succès un nouveau véhicule, nous devons être à même de façonner et de maîtriser l'innovation. » « C'est avec les meilleurs qu'on produit ce qu'il y a de meilleur. »

Se concentrer sur un objectif stratégique simple

Enfin, ces entreprises mettent en œuvre une stratégie d'une extrême simplicité, lisible par tous et qui se déploie dans la durée, que Jim Collins baptise « Hedgehog Concept ». Pourquoi ce « concept hérisson » ? Parce que, si le rusé renard de la fable n'est jamais à court d'idées pour surprendre sa proie, le hérisson se concentre sur une parade élémentaire imparable : se mettre en boule pour défier tout agresseur.

Dans un monde de plus en plus complexe et incertain, les entreprises qui veulent réussir et survivre doivent se concentrer sur un objectif stratégique simple dont la recherche de l'excellence constitue le pivot mobilisateur de ses talents et compétences.

2.2. Promouvoir une culture de veille et d'innovation

Une veille permanente et systématique sur l'écosystème

Mettre en œuvre une politique de veille, ou plus largement une stratégie d'intelligence économique, permet à l'entreprise d'anticiper et de maîtriser les transformations de son écosystème (environnement politique, réglementaire, économique ou social, normes, ruptures technologiques, concurrence, nouveaux besoins, nouvelles attentes, nouvelles contraintes…) et de disposer de l'information stratégique au bon moment pour obtenir un avantage compétitif décisif sur ses concurrents directs ou en émergence.

Est-ce pour autant si facile à mettre en œuvre ? Une des difficultés majeures dans l'entreprise est de réussir simultanément à se concentrer sur son activité et à rester ouvert sur le monde extérieur.

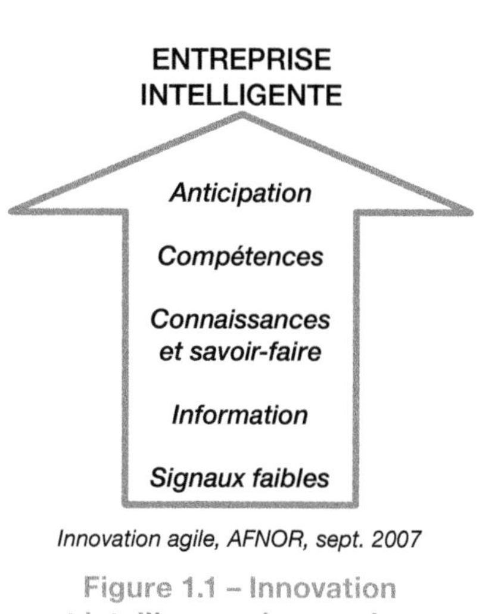

Innovation agile, AFNOR, sept. 2007

Figure 1.1 – Innovation
et intelligence économique

La définition que donnait le rapport Martre (Commissariat du Plan, 1994) de l'intelligence économique est toujours d'actualité : « L'intelligence économique peut être définie comme l'ensemble des actions coordonnées de recherche, de traitement et de distribution, en vue de son exploitation, de l'information utile aux acteurs économiques. L'information utile est celle dont ont besoin les différents niveaux de décision de l'entreprise ou de la collectivité, pour élaborer et mettre en œuvre de façon cohérente la stratégie et les tactiques nécessaires à l'atteinte des objectifs définis par l'entreprise dans le but d'améliorer sa position dans son environnement concurrentiel. Ces actions, au sein de l'entreprise, s'ordonnent autour d'un cycle ininterrompu, générateur d'une vision partagée des objectifs de l'entreprise. »

Innover, c'est accepter le changement

Innover c'est avant tout souhaiter et accepter le changement et toutes ses conséquences.

Une société innovante est une société en mouvement dans laquelle de nouveaux entrants bouleversent les données de marché ou de comportement. L'innovation est donc le plus souvent le fait des « jeunes » (hommes et femmes, structures…). Selon Schumpeter, qui a théorisé le processus d'innovation, ceci conduit à ce que des entreprises nouvelles remplacent les entreprises en place, proposant des procédés, des services ou des produits plus performants ou mieux adaptés à la demande grâce à l'innovation. Parallèlement, le développement des nouvelles technologies (blogs, wiki…) fait apparaître de nouveaux modes de partage d'informations (réseaux, communautés virtuelles…) qui interpellent le modèle d'organisation traditionnel de l'entreprise.

Comment mieux appréhender les transformations de l'économie et leurs impacts sur l'organisation de l'entreprise ? Comment créer les conditions culturelles et organisationnelles qui favorisent le travail collaboratif et l'efficacité collective ? Quel nouveau partage de l'information dessiner pour plus de performance et d'innovation ? Comment tirer parti des outils collaboratifs et faciliter leur appropriation par les salariés ? À quoi ressemblera l'entreprise virtuelle de demain ?

Innover, c'est accepter de changer en permanence pour être toujours vivant demain.

Innover, c'est garantir à l'entreprise un futur dans un monde incertain

Une entreprise qui innove se donne des possibilités nouvelles d'accéder aux marchés, soit parce que l'innovation lui aura permis de réduire ses coûts, soit parce que de nouveaux produits ou de nouveaux services répondront mieux à la demande des marchés, en permettant aux clients de bénéficier de prestations plus complètes, mieux adaptées à la demande ou plus respectueuses de l'environnement.

L'innovation est un complément à la recherche de la baisse des coûts. Elle permet de s'affranchir des handicaps créés par une main-d'œuvre chère ou par un déficit en matières premières. Cette assertion est largement acceptée. Les chefs d'États européens l'ont reprise à leur compte dans la déclaration de Lisbonne en 2003, visant à faire de l'Europe « l'économie la plus compétitive au monde grâce à l'innovation et à la connaissance ».

Dès lors, le management de l'innovation est partie intégrante la stratégie de management des coûts et du management de la qualité engagée par les entreprises pour toujours mieux répondre aux attentes de leurs clients et pour garantir à l'entreprise sa compétitivité, sa profitabilité et le développement de l'emploi sur le long terme. Ces trois axes stratégiques sont complémentaires et indissociables, de la grande entreprise à la PME et, dans un monde ouvert, pour quasiment tous types d'activités économiques.

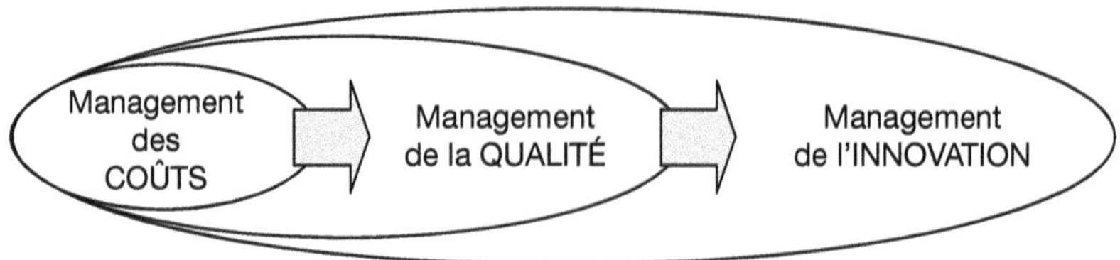

Source : A. de Buchet – FaberNovel

Figure 1.2 – Coûts, qualité, innovation : trois axes stratégiques et complémentaires

Les systèmes de management d'idées mis en place chez Michelin et Valeo, ou encore à la SNCF, les challenges innovation de Renault et les pôles d'innovation comme les Orange Labs sont des implémentations exemplaires de management de l'innovation dans de grandes entreprises innovantes.

De la naissance d'une idée à la réalisation d'un produit, le chemin est souvent long et aléatoire. C'est pourquoi l'entreprise devra piloter, organiser et soutenir sa politique d'innovation. Pour optimiser ce pilotage, l'entreprise devra au sein d'un système cohérent maîtriser à la fois le management, l'évaluation et la gestion de portefeuille des projets en R&D et intégrer les fonctions de la veille au sein de son processus d'innovation.

Si l'innovation ne se décrète pas, elle est toujours le fruit d'une politique volontariste et cohérente

Les nombreuses études conduites sur l'innovation montrent que celle-ci est, au niveau macroéconomique comme à celui de l'entreprise, le résultat d'un ensemble coordonné de mesures d'environnement, d'incitations, de protections, qui offrent aux entreprises innovantes un terreau favorable pour se développer.

Pourtant, si la plupart des responsables politiques ou économiques sont aujourd'hui convertis à l'importance de l'innovation pour notre économie et la création d'emplois, ils sont trop peu nombreux à être pleinement conscients de l'ensemble des conséquences qu'il convient d'en tirer.

L'innovation : une décision stratégique et un état d'esprit

Innover, c'est, bien évidemment, créer de nouveaux produits ou services, développer des produits ou services existants, imaginer de nouveaux usages, concevoir un nouveau mode de commercialisation ou processus de distribution… C'est aussi optimiser son système de production pour le rendre plus performant ou plus respectueux de l'environnement ou des économies d'énergie, adopter les dernières technologies issues de la recherche fondamentale ou appliquée, concevoir un design ou un concept original…

L'innovation est dite incrémentale lorsqu'elle porte sur une évolution, même importante. Elle est qualifiée d'innovation de rupture lorsqu'elle remet largement en cause des processus, des habitudes, des comportements, des infrastructures. Enfin, on peut innover ponctuellement, en améliorant un produit existant, ou en adaptant une nouvelle technologie à un produit.

L'entreprise peut décider de faire de l'innovation un pilier de la stratégie et mettre en place un véritable management de l'innovation. Cela ne consiste plus à acquérir un avantage compétitif ponctuel, mais à pérenniser cette compétitivité par des dispositifs culturels et organisationnels : mise en place d'un système de veille et de partage de l'information, d'un dispositif de protection de ses innovations, d'une gestion de la propriété intellectuelle et industrielle, de partenariats avec des centres de recherche ou encore de coentreprises avec certains clients.

L'innovation n'est pas un processus inné ou spontané

Le processus de transformation d'une idée en innovation se concrétisant par une offre différenciante en termes de produits ou services ou de processus de conception, production ou encore de diffusion n'est pas aléatoire, chaotique ou immaîtrisable. C'est un processus qui se manage.

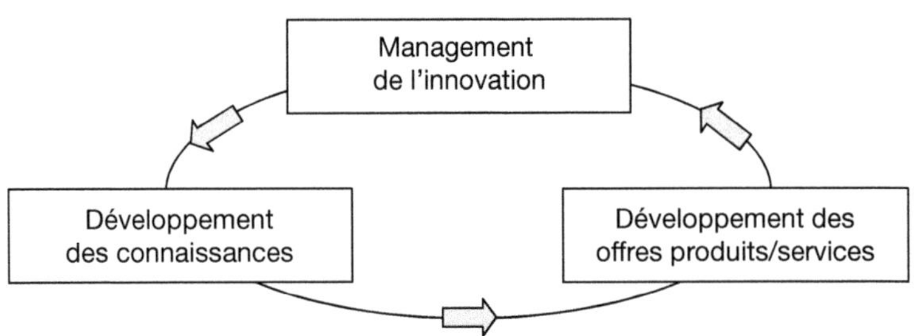

Figure 1.3 – Le management de l'innovation

Un management de l'innovation efficace suppose :

- le découpage du cycle d'innovation en étapes distinctes qui feront l'objet d'une attention spécifique au sein d'un pilotage global : création d'idées, gestion du portefeuille d'idées, mise au point des produits et procédés, mise en œuvre et fabrication, diffusion de l'innovation, retour d'information ;
- la recomposition d'un système global et cohérent adapté aux démarches spécifiques de l'entreprise (stratégique, collaborative,

participative et sociale) et mettant en œuvre les processus, outils et pilotage appropriés ;

- la gestion maîtrisée du savoir tout au long du processus et sa diffusion progressive au sein de toute l'organisation.

Le management du savoir et des connaissances ne s'improvise pas. Il nécessite un savoir-faire et des approches méthodologiques que les docteurs se sont appropriés au cours de leurs travaux de recherche. Le processus de fabrication des idées et des connaissances s'aborde avec une démarche méthodologique. Il ne viendrait pas à l'idée d'un ingénieur en logistique ou de production d'intervenir dans son domaine sans l'acquisition préalable d'une expérience professionnelle et d'une solide méthode.

Une enquête, réalisée en 2007 par TNS Gallup et Celerant Consulting, montre que l'enjeu se situe dans l'exécution, et non seulement dans la génération d'idées. Ainsi, l'innovation n'est plus seulement l'affaire des grands départements R&D mais bien de toute l'organisation. Une stratégie clairement identifiée, une organisation structurée et une bonne gestion des ressources humaines et financières constituent les trois facteurs de différenciation.

Il apparaît dans tous les processus analysés que les docteurs, experts des processus de fabrication du savoir et des compétences, sont des composantes clés du management de l'innovation.

Innover, c'est savoir prendre un risque et le maîtriser

Ce qui est nouveau n'a jamais été réalisé et sa mise en œuvre ne peut reposer sur une expérience antérieure : il n'y a donc pas d'innovation sans risque. Ce phénomène est majeur pour l'innovation de rupture, qui suppose une modification des habitudes des producteurs, des consommateurs, des partenaires, des autorités réglementaires…

> « Il en est de l'art de cultiver comme des manufactures ; il n'y a point d'innovations sans avances, sans risques. »
>
> Condorcet

Pour autant, la prise de risque doit être maîtrisée. Cela implique de pouvoir modéliser l'ensemble des composantes du système, les interdépendances et relations pouvant impacter les autres activités ou créer des dépendances, les contraintes, les facteurs d'échec et leurs conséquences, les incidences sur l'organisation, les ressources, l'écosystème et l'environnement.

L'innovation n'est pas l'apanage de la R&D

Il est nécessaire de distinguer la recherche du développement, et de s'interroger sur leurs relations avec l'innovation, qui ne se nourrit pas exclusivement des avancées technologiques.

- La recherche produit des connaissances ayant pour objectif, au niveau de l'entreprise, de déboucher à terme sur la réalisation d'un produit ou d'un service créant une différenciation et un avantage concurrentiel sur son marché.

- Le développement se réalise en général à partir d'un cahier des charges définissant les attentes des clients et les caractéristiques du produit ou du service attendu (enchaînement de phases fonctionnelle, conceptuelle, d'intégration, de conception détaillée puis enfin de fabrication et/ou d'exploitation).

Témoignage

« Une entreprise innovante telle que Poweo est à la recherche constante d'idées originales et de nouveaux business models pour se différencier et se développer. Confrontés à la concurrence des meilleurs mondiaux de leur spécialité, les docteurs sont entraînés à s'imposer par la créativité dans la course aux résultats et aux performances. C'est un atout maître pour l'entreprise, qui va également bénéficier de leur capacité à transposer leurs méthodes et expériences dans d'autres activités. »

Charles Beigbeder, PDG de Poweo

Les objectifs et caractéristiques de la recherche en entreprise se distinguent ainsi de la recherche fondamentale, infiniment plus aléatoire et qui, pour cette raison, est portée pour une large part par des organismes de recherche publique ou mixte (type universités, CNRS, Inria, Inra, Inserm…) en particulier pour ce qui concerne les investissements d'infrastructures.

Ainsi, la R&D pourrait être positionnée en amont de l'innovation et être définie comme l'ensemble des « travaux de création entrepris de façon systématique en vue d'accroître la somme des connaissances. »[1]

Par ailleurs, la démarche d'innovation fertilise les activités et les méthodes de la recherche et du développement. Elle transforme – parfois de manière radicale – le modèle classique de la R&D en lui substituant

---

1. Manuel de Frascati, rapport OCDE, 1993.

une dynamique tripolaire associant recherche, développement et innovation. C'est le cas, par exemple, du modèle développé par le Centre de gestion scientifique de l'école des Mines de Paris (figure 1.4).

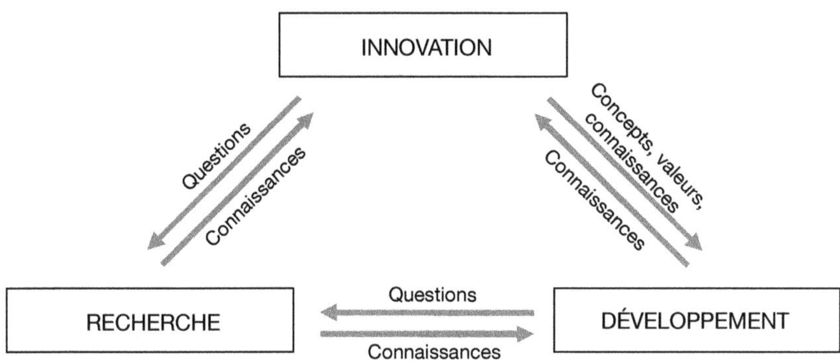

Source Hatchuel et al., 2001

Figure 1.4 – Les liens entre recherche, développement et innovation

Si la démarche d'innovation est dopée et enrichie par les activités de R&D, elle n'est en aucun cas limitée aux entreprises disposant d'une activité de R&D. En effet, une entreprise pourra être considérée comme innovante – et en tirer tous les bénéfices associés – si elle met sur le marché un produit, service ou procédé développé à l'origine par un tiers sans investissement propre en R&D de l'entreprise.

Enfin, l'innovation n'a pas pour seul terreau le champ des nouvelles technologies. La démarche prospective engagée par la commission économie numérique Prospective 2025, présidée par Alain Bravo, fait apparaître, par exemple, qu'à côté des variables purement technologiques, de très nombreuses variables liées notamment aux usages étaient porteuses d'innovation et de création de valeur ajoutée pour l'ensemble de l'économie.

Les docteurs et les apports de la formation doctorale

Au cours de son expérience de recherche, le docteur fait preuve de créativité, de capacité d'innovation, d'ouverture et d'organisation, d'esprit critique et d'initiative, de capacités de gestion des coûts et du risque. Ce sont autant de qualités indispensables pour développer et manager l'innovation au sein de toutes les activités de l'entreprise.

Ces compétences sont directement exploitables dans les services de R&D, mais aussi plus largement dans toutes les fonctions qui sont parties prenantes du management de l'innovation (veille, DRH, marketing…), dans les métiers du management de l'innovation, ainsi que dans les services intensifs en savoir (conseil, expertise…) pour lesquels la France est en retard. Ces métiers nouveaux, ces pratiques nouvelles sont pourtant le socle de l'économie de la connaissance et sont l'objet de toutes les attentions de certaines économies émergentes (Inde, Maroc…).

L'apport de compétences doctorales permettra de mieux associer les activités du tripode recherche/développement/innovation avec pour bénéfices de :

- renforcer les interactions entre les activités de recherche, en amont, et les activités de développement ou de mise en marché, en aval ;
- réduire les délais de diffusion des connaissances ou de remontée des informations en aval ;
- accroître l'efficacité et la cohérence de l'ensemble de la chaîne de valeur.

Les bénéfices directs pour l'entreprise se mesurent en réduction des coûts et des délais de la chaîne conduisant de l'idée à la commercialisation du nouveau produit ou service.

Témoignage

«Après des études d'ingénieur et attiré par la physique nucléaire, je décide de faire un doctorat d'État au CEA. Je travaille au sein d'une équipe internationale de chercheurs, dans un domaine plutôt abscons de physique théorique et expérimentale, mettant en œuvre des techniques assez sophistiquées.

Une fois ma thèse soutenue, je décide de rentrer dans l'industrie. Au grand dam de mes pairs, je choisis Renault et l'automobile, sans savoir réellement où je mets les pieds. J'y suis resté et j'y ai fait carrière parce que je découvre – et mes patrons avec moi – que j'ai, en comparaison avec mes collègues ingénieurs qui sont rentrés dans l'industrie après l'obtention de leur diplôme, deux atouts forts.

Le premier est que le travail de thèse a consolidé et structuré l'ensemble des connaissances acquises à l'école (bien que ces connaissances aient été peu utilisées lors du travail de thèse). En particulier je fais le lien entre les différents domaines de connaissances : électricité, thermodynamique, résistance des matériaux… Cette capacité s'avère fondamentale pour travailler dans un domaine aussi complexe que l'automobile, où toutes les composantes de la physique sont présentes, et où la conception optimisée doit prendre tout en compte simultanément.

Le second est la capacité à avoir une approche originale des problèmes, différente de celle des ingénieurs «standards», qui permet de trouver des solutions là où la démarche classique échoue.

Je cite ici deux exemples de réalisations qui ne relèvent pas directement de la technologie, et qui sont considérés comme des succès commerciaux. Le premier est le succès de la Megane Scenic, qui est un petit Espace, ce qui est *a priori* un oxymoron, puisque l'intérêt d'un Espace est d'être grand ! Ce n'est donc pas un modèle réduit de l'Espace, mais bien un nouveau concept, qui répond à une attente de plus d'espace de vie sans augmenter l'encombrement du véhicule. Le deuxième exemple, c'est la Twingo, qui vivra quinze ans sans concurrent, parce que nous sommes parvenus à donner au plus petit et au moins cher véhicule du marché l'habitabilité de véhicules de catégorie supérieure. Or un tel véhicule n'était, en principe, techniquement pas réalisable. »

Pierre Beuzit, ingénieur de l'École centrale de Lyon, docteur en physique, ancien directeur de la recherche, Renault.

2.3. Jouer gagnant en investissant sur la diversité

La diversité est une chance et une force pour l'entreprise

Les organisations humaines – de même que la Nature ! – ont en commun d'être plus fortes et plus adaptables chaque fois qu'elles intègrent dans un projet commun des ressources plurielles et métissées.

Cette prééminence de la diversité ne doit pas pour autant nous faire renoncer à produire de l'unité et de la cohérence.

> «Si je diffère de toi, loin de te léser, je t'augmente. »
>
> Antoine de Saint-Exupéry, *Lettres à un otage*

Bien au contraire, l'interprétation du fonctionnement des grands systèmes auto-organisés – comme l'écosystème ou le corps humain – nous montre qu'ils doivent leur performance et leur cohérence au fait qu'ils laissent s'exprimer la diversité : ainsi, l'arbre nourrit le sol avec ses feuilles et puise dans ce dernier les sels minéraux qui lui sont nécessaires, le ver de terre contribue à l'oxygénation du sol par ses galeries tout en se nourrissant de la terre... Tous coopèrent, chacun joue sa partition et assume sa singularité – en respectant les règles du jeu établies pour et au service de l'organisme considéré.

> «Sur le long terme, une équipe diversifiée permet de mieux comprendre les attentes de ses différents types de clientèle, de pénétrer de nouveaux marchés, de développer la capacité d'innovation de l'entreprise, de mieux s'adapter au changement. »
>
> Charte de la diversité

En ce qui concerne l'entreprise, la diversité est une chance et une force. C'est ce que qu'affirmait Laurence Parisot, présidente du Medef, le 28 mars 2006 en lançant le Tour de France de la diversité : « La diversité relève d'une logique morale, éthique, mais aussi d'une logique tout à fait économique. Je crois profondément, en tant que chef d'entreprise, que plus la diversité est présente, plus la richesse, plus l'invention se déploient et se développent. »

Diversité des origines, diversité des formations initiales, diversité des compétences, diversité des expériences… Toute diversité est pour l'entreprise un enrichissement et une force pour se déployer dans un monde métissé, multidisciplinaire, multiculturel et en perpétuelle évolution.

> « À n'être que d'accord, les organisations perdent de vue leur environnement interne et externe. La reconnaissance de diversités (…) loin d'être un facteur de contre-performance, est un facteur de performance durable des organisations. »
>
> Laurent Bibard,
> professeur et directeur de l'Essec-MBA

Franck Riboud, PDG du groupe Danone – qui figure incontestablement parmi les leaders mondiaux de l'innovation –, affirme que la gestion de la diversité des compétences est un point majeur pour le maintien des performances de son groupe qui doit en permanence se réinventer. Il déclare y apporter personnellement une attention permanente, afin de favoriser le brassage des cultures, des compétences et des formations.

Innover, c'est introduire dans une chose établie quelque chose de nouveau, ce qui demande très souvent de nouvelles compétences ou des ressources temporaires ou définitives, pas toujours présentes dans l'entreprise.

Nous percevons ainsi tout l'intérêt d'injecter dans des équipes existantes des compétences scientifiques, techniques ou méthodologiques comme celles que portent les docteurs, afin d'appréhender de nouvelles opportunités de business (nouveaux produits, services, procédés, modes de commercialisation ou de production, concepts, designs…) et de trouver des réponses originales. Modifier les regards et les manières de raisonner ou de solutionner les problèmes permet de mieux répondre aux attentes des clients, d'enrichir l'offre, d'améliorer les processus et la qualité et d'accroître la rentabilité.

> « À Londres ou à New York, on a compris depuis longtemps que plus une économie est complexe, à la fois globalisée, dématérialisée, technicisée, plus les cadres d'entreprise doivent être capables de distance critique, d'ouverture culturelle, de finesse d'analyse et de capacité de synthèse. Et cela, les formations en sciences humaines peuvent, mieux qu'aucune autre, le proposer. »
>
> Valérie Pécresse, ministre de l'Enseignement
> supérieur et de la Recherche

La contribution des docteurs en « sciences dures » (chimie, informatique, mathématiques mécanique ou physique) est incontestée dans les équipes de R&D des grandes entreprises industrielles comme Alsthom, Areva, EADS, L'Oréal, Michelin, STMicroelectronics, Renault ou encore Total. En revanche, elle tarde trop à être mobilisée dans les entreprises de services aux entreprises (banque, conseil, et informatique notamment…) sans qu'aucune raison substantielle ne puisse être invoquée, leurs principaux concurrents anglo-saxons mobilisant massivement ce type de compétences.

Enfin, l'appel aux compétences des docteurs en sciences humaines et sociales reste trop timide.

Les compétences des docteurs au service de la créativité de l'entreprise

L'intelligence créatrice des docteurs s'est développée par la pratique d'une recherche originale et innovante dans un environnement d'excellence scientifique. Ils sont donc en mesure d'apporter aux entreprises leur capacité à créer et innover :

- innovation régulée par la rigueur de la méthode scientifique, appliquée dans l'élaboration des hypothèses et dans la collecte des informations, les expérimentations et la modélisation permettant de produire un système intelligible et reproductible ;
- créativité régulée par l'objectif « contractuel » que constitue le projet de recherche (et son découpage en étapes), analogue dans l'esprit et compatible avec le pilotage par objectifs mis en œuvre dans les entreprises.

Travailler sur un projet qui n'a pas encore été défriché, où toutes les hypothèses doivent être envisagées et soumises au ban de la critique et de l'expérimentation, oblige à une ouverture intellectuelle, à sortir des systèmes de pensée normatifs qui masquent peut-être une découverte, un progrès scientifique ou une solution à des problèmes récurrents.

La rigueur scientifique pour dépasser les échecs

Quand les aléas de la recherche font que le succès n'est pas pleinement au rendez-vous, la rigueur de la démarche scientifique permet toujours d'améliorer le cadre méthodologique et de faire progresser le projet en soldant certaines hypothèses. En R&D – ou plus largement dans des fonctions de management de l'innovation ou de direction

– la reproduction au quotidien de cette démarche rigoureuse fertilise les équipes et les projets.

Le chercheur, s'il veut progresser, doit impérativement comprendre pourquoi telle hypothèse, telle interprétation se révèlent fausses. Il doit donc travailler en profondeur.

Gérer avec habileté et détermination le curseur d'entropie[1]

Toute organisation humaine, et tout particulièrement l'entreprise, est une structure vivante qui oscille entre conservation et adaptation. Et tout système vivant doit, pour perdurer, constamment associer une part de désordre qui est la condition de sa flexibilité – et donc de son adaptation. Les entreprises doivent accepter et générer une part suffisante d'activités non structurées – ou plutôt structurées sur des modes différents de la norme dominante dans l'entreprise – pour pouvoir se régénérer et inventer leur propre futur.

Innover, inventer, adapter son organisation et ses processus représente des coûts et des ressources qui doivent, par nécessité, être distraites de la production court terme.

Imaginons, par exemple, qu'un éditeur de logiciels comme Microsoft décide de supprimer toutes les activités de développement de ses nouveaux produits pour distribuer avec les ressources les plus réduites possibles ses produits existants sur sa clientèle existante, en figeant ses processus et réduisant ses effectifs de recherche, de marketing ou de développement commercial. Cela aurait pour effet immédiat de faire exploser sa marge à court terme, mais aussi de cristalliser son organisation et de conduire très rapidement à son éviction du marché.

Dans l'économie évolutive et innovante qui est la nôtre, l'écosystème de l'entreprise est en évolution permanente, accroissant la vitesse de modification de l'organisation et de l'ensemble de ses activités, processus, produits et services, partenariats. Cette accélération nécessite, en particulier pour les entreprises opérant sur des marchés très concurrentiels et innovants, d'accroître le niveau d'entropie pour construire

---

1. L'entropie – d'une entreprise comme d'un système social – est la mesure du désordre créatif nécessaire pour assurer la survie du système et son réinvestissement dans le futur.

leur avenir, tout en assurant les performances attendues sur les court et moyen termes.

> *Exemple*
>
> Il est symptomatique que des entreprises très innovantes et très performantes, comme Apple ou Google, réservent une part significative du temps de leurs employés – notamment dans les équipes de R&D ou de marketing – à des projets laissés à la libre initiative des collaborateurs. Il ne s'agit pas d'une concession sociale pour compenser l'engagement demandé aux collaborateurs, mais d'un véritable investissement réalisé par l'entreprise qui en suit les retombées en termes d'innovation et de mobilisation collective de toutes ses compétences.

Il appartient à chaque entreprise d'apprécier le niveau d'entropie nécessaire au « lissage » et à l'optimisation de ses performances. Dans une organisation un peu trop ordonnée ou égocentrique, introduire quelques compétences moins normées – telles que des docteurs ayant des références culturelles et disciplinaires et des approches méthodologiques différentes des cadres, ingénieurs et techniciens en place – permet d'augmenter l'entropie du système, et donc ses capacités créatives et d'adaptation, sans pour autant déstructurer l'ordre (organisation, processus, produits et pratiques existants) indispensable pour assurer les résultats sur le court terme et l'autofinancement de la transformation.

2.4. Bénéficier à moindre frais du réseau des meilleures compétences mondiales

Par construction, le docteur a appris à fonctionner en réseau avec les meilleures compétences de son domaine disciplinaire, mais aussi avec les représentants de nombreuses autres disciplines compte tenu d'environnements ou de problématiques de plus en plus complexes et multidisciplinaires.

Pour ce faire, il a développé sa maîtrise des langues et des nouvelles technologies de l'information, de la communication et des réseaux, autant de compétences incontournables pour conduire un travail de recherche. Sur ce substrat technologique, le docteur a développé un véritable savoir-faire du « réseautage » et démontré d'incontestables capacités d'expression et de rédaction (fiches d'expériences et de lectures, argumentation pas à pas, synthèses, communications scientifiques, rédaction de la thèse…) qui le distinguent des capacités habituellement générées par les autres formations. Dans la majorité de ses échanges, le langage véhiculaire est l'anglais et parfois une ou deux autres langues supplémentaires, en complément de sa langue d'origine.

Embaucher un docteur, c'est donc acquérir du même coup l'ensemble de ces investissements et la possibilité de développer rapidement d'autres ramifications sur ce premier noyau.

De fait, le recrutement de docteurs peut être pour de nombreuses entreprises l'accès aux résultats de recherches d'une R&D mondiale mutualisée qu'elles ne pourraient espérer conduire – notamment les PME/PMI – sur leurs ressources propres. Il constitue également un levier d'exception pour favoriser la transformation et le changement de culture.

Dans un contexte de R&D, cet avantage est immédiat et déterminant. Ainsi, certaines sociétés « chassent » de manière très organisée les docteurs – Cifre[1] ou docteurs contractuels (post-docs) –, ayant bien perçu les pépites qu'ils représentaient. Pour les docteurs intervenant hors R&D, dans des missions de « management de l'innovation », cet avantage est tout aussi important, bien que plus indirect et plus diffus.

> «Les docteurs sont formés dans un monde – celui de la recherche – où les frontières nationales n'ont aucun sens. Par son histoire, par ses modes de fonctionnement, par sa nature même, la science est globalisée. Les entreprises ont besoin de ce type de collaborateurs qui pensent à l'échelle de la planète, qui ont le réflexe de l'international lorsqu'il s'agit de savoir qui fait quoi sur leur marché.»
>
> Charlotte Duda, présidente de l'Association nationale des DRH

Les PME/PMI innovantes, qui sont pour une large part le moteur de l'innovation de nos économies, ont bien compris l'intérêt d'embaucher des docteurs et de bénéficier à moindre frais de l'accès aux meilleures compétences mondiales. Le pragmatisme qui prévaut au sein de ces petites structures, qui doivent en permanence progresser pour ne pas mourir, est un exemple dont pourraient s'inspirer l'ensemble des acteurs économiques.

---

1. Voir en annexe.

3. Toutes les entreprises sont concernées par l'innovation et les compétences des docteurs

De nombreux dirigeants d'entreprise sont convaincus que l'innovation ou les compétences doctorales ne les concernent pas. Il n'en est rien, et toutes les entreprises sont concernées, de la PME/PMI à la grande entreprise, des entreprises industrielles aux entreprises de services.

3.1. Grands groupes industriels : une progression inéluctable

Diversifier et étendre la collaboration

Les grands groupes industriels disposent pour la majorité d'entre eux de puissants centres de R&D qui font largement appel aux compétences de docteurs issus de toutes les disciplines scientifiques : sciences dites « dures », mais aussi sciences économiques, droit ou sciences humaines et sociales.

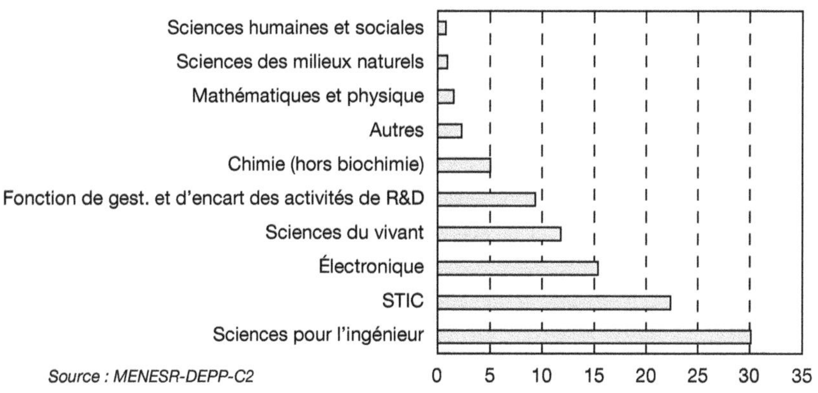

Tableau extrait de l'état des lieux de l'emploi scientifique en France, Observatoire de l'emploi scientifique, février 2007.

Figure 1.5 – Spécialités des chercheurs en entreprises en 2004 (en %)

Sans surprise, trois spécialités représentent les deux tiers des chercheurs en entreprises :

- les sciences pour l'ingénieur ;
- les sciences et technologies de l'information ;
- l'électronique.

Alcatel-Lucent, Areva, Bull, Danone, Dassault, EADS, EDF, IBM, Lafarge, Renault, Saint-Gobain, Saft, STMicroelectronics, Thales, Total, entre autres, témoignent de l'intérêt que ces entreprises apportent aux compétences doctorales dans leurs équipes de R&D.

STMicroelectronics a, par exemple, accompagné depuis sa création en 1987 plus de quatre cents doctorants. Plus de 90 % d'entre eux ont été recrutés par l'entreprise. Intervenant sur un marché de très forte innovation, STMicroelectronics a le souci permanent de rester très active/réactive dans sa manière de conduire sa R&D. Les doctorants Cifre s'intègrent particulièrement bien dans cette démarche, car leur parcours de recherche leur permet de mettre en évidence leurs compétences et leurs aptitudes, notamment la capacité à évoluer au sein de l'entreprise et à faire progresser celle-ci. Les disciplines concernées vont de la physique et de l'électronique à l'économie et à la sociologie en passant par les nanotechnologies ou les compétences scientifiques mobilisées par le multimédia et les jeux vidéo. STMicroelectronics attache une très grande attention aux compétences managériales et organisationnelles, ainsi qu'aux capacités créatives et prospectives. En effet, pour STMicroelectronics comme pour beaucoup d'autres entreprises, les fonctions de chercheur au sein des centres de R&D ne constituent qu'une étape dans un parcours professionnel qui va irriguer toutes les fonctions de management et/ou d'expertise au sein de l'entreprise. Les parcours doctoraux permettent de former par la recherche les hyperspécialistes indispensables aux métiers non standards de l'entreprise.

La mobilité professionnelle des docteurs

« L'entreprise, grande ou petite, considère qu'il est de son intérêt que les docteurs ne s'enferment pas dans la R&D et aillent irriguer les autres fonctions. Elle attend donc du jeune docteur qu'il change le plus rapidement possible de système de référence pour acquérir une vision réellement entrepreneuriale de sa fonction. C'est à partir du moment où il parvient à dériver la fonction «docteur = chercheur» en «docteur = cadre» que l'entreprise le juge prêt à prendre des responsabilités managériales, dont il fera la preuve d'abord en R&D, puis dans d'autres fonctions. »

Club des entreprises de l'ABG, février 2002

Dans le monde de l'entreprise, très rares sont ceux qui resteront chercheurs toute leur vie, car de multiples opportunités de développement de carrière s'offrent à eux et ils ne sont pas contraints par des rigidités statutaires.

La mobilité professionnelle des docteurs est une caractéristique majeure de toutes les entreprises, quels que soient leur taille et leur secteur d'activité : accroissement rapide des responsabilités, mobilité transverse au sein d'activités non liées à la recherche, recherche qui constitue une sorte d'étape initiale et initiatique.

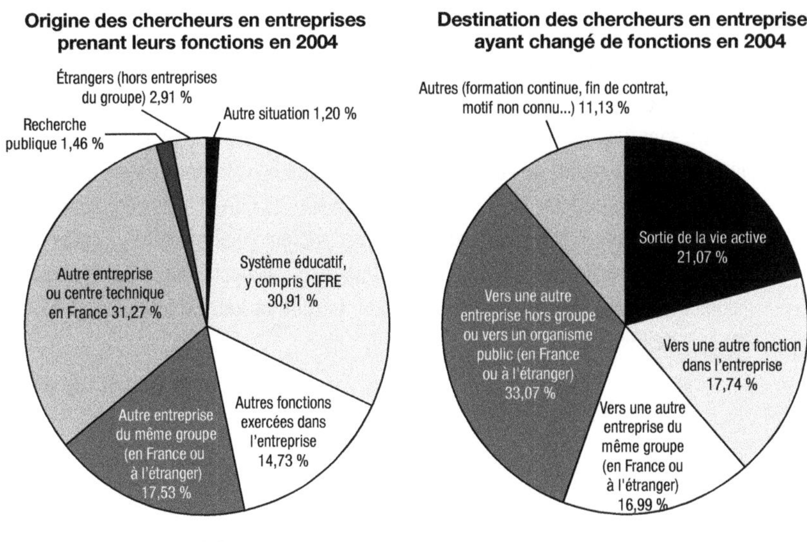

Source : MENESR-DEPP-C2

Figure 1.6 – Origine des chercheurs en entreprise (2004)

La fonction recherche est en général confiée à de jeunes diplômés en début de carrière. Il s'agit, pour la majorité des chercheurs en entreprise, d'une étape vers des fonctions de management et/ou d'expertise comme le montre la pyramide des âges des chercheurs (en 2002 en équivalent temps plein) :

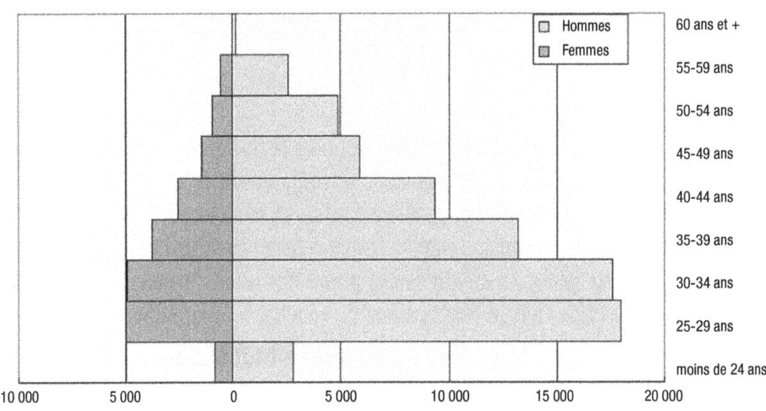

Tableau extrait de l'état des lieux de l'emploi scientifique en France, Observatoire de l'emploi scientifique, février 2007

Figure 1.7 – Pyramide des âges des chercheurs du secteur privé en 2002 (en équivalent temps plein)

« Il faut au jeune chercheur une spécialisation dans son domaine, une forte ouverture d'esprit, une grande curiosité, de l'opiniâtreté et surtout cette capacité à organiser et valoriser ses connaissances. Le docteur a ces qualités. Nos chercheurs sont des docteurs. Soit nous recrutons des docteurs à peine diplômés et les formons au monde de l'automobile Renault, soit nous invitons de jeunes ingénieurs à faire leur thèse chez nous via les conventions Cifre. Là, ils déploient leur capacité à innover. Nos chercheurs ne se consacrent généralement pas plus de sept ans à la recherche, pour ne pas entamer leur fraîcheur d'esprit par les habitudes de l'entreprise, pour garder du recul. Ensuite ils font évoluer leur carrière au sein de Renault. »

Pierre Beuzit, *op.cit.*

Des opportunités insuffisamment exploitées

Pour autant, peut-on dire que tout va bien dans le meilleur des mondes ? Pas encore…

« L'un des objectifs de la réforme conduisant à l'augmentation des docteurs au milieu des années 1980 était de favoriser le recrutement de docteurs dans des emplois de la R&D privée. Il n'est clairement pas atteint, même si des progrès réels ont été accomplis depuis vingt ans. »

**Bernard Bigot, haut commissaire à l'énergie atomique
(propos tenus lors de l'assemblée générale de l'ABG, 2007).**

« Il n'y a plus de temps à perdre pour valoriser la recherche française dans une économie mondialisée où les avancées scientifiques et technologiques sont les ressorts de la compétitivité et de la croissance. La mondialisation est en marche. Profitons de cette dynamique comme savent le faire nos voisins allemands, britanniques ou espagnols. La créativité fait partie des atouts majeurs de la France. Reste à passer de l'idée à l'application, du concept à l'innovation. »

Anne Dumas, Amicus Curiae, Institut Montaigne, juin 2007.

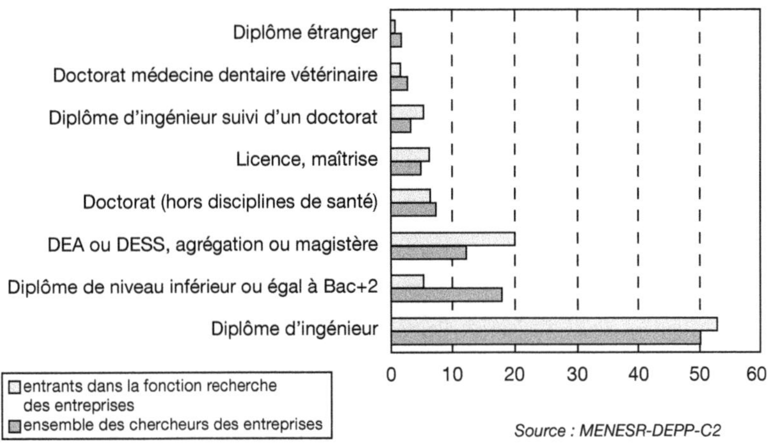

Figure 1.8 – Diplômes des chercheurs et des entrants dans la fonction recherche en 2004 (en %)

Les compétences doctorales ne concernent pas que la R&D

Les carrières des chercheurs se caractérisent par un éloignement des activités de recherche, soit progressivement lors du déroulement de carrière, soit dès les premières fonctions assumées en entreprise. De nombreuses entreprises innovantes font confiance aux compétences et au potentiel des docteurs pour pourvoir des fonctions clés accessibles à de jeunes diplômés.

Directions de la stratégie et du développement, directions financières, directions des ressources humaines, directions marketing sont les pôles de l'entreprise qui progressivement font appel aux compétences doctorales, au même titre que la R&D. Mondialisation et recherche de compétitivité par l'innovation, complexité de l'environnement, modélisation de processus vont être les vecteurs du développement de l'emploi des docteurs. Ce mouvement va aller s'amplifiant par la généralisation du modèle LMD et par l'internationalisation des activités qui amènent à modifier les perceptions de l'entreprise vis-à-vis des docteurs. En effet, de nombreuses missions analogues sont à l'étranger servies avec un très haut niveau de satisfaction par des PhD au sein des filiales ou des organisations des partenaires, des concurrents ou des clients.

3.2. Secteur des services : une situation contrastée

Une évolution analogue est bien sûr attendue au sein des grandes entreprises du secteur des services. Nous devons nous en réjouir compte tenu de la place croissante prise par les services aux entreprises ou aux particuliers dans notre économie.

Des compétences doctorales largement actives
dans certaines activités de services

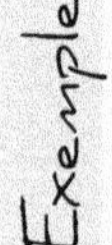

Les opérateurs de télécommunications comme France Telecom/Orange ou SFR mobilisent depuis de longues années de multiples compétences doctorales de toutes disciplines dans leurs laboratoires (Orange Labs par exemple) ou au sein de leurs équipes de management de l'innovation.

Pour France Telecom, cela représente chaque année une promotion d'environ 200 doctorants avec un large appel au dispositif Cifre et une trentaine d'intégration dans l'entreprise.

De même, les entreprises de la R&D externalisée (comme Akka Technologies, Alten, Alktran, Alyotech, Assytem, Astek, Ausy, Coframi, Segula Technologies, Silicomp ou encore Sogeti) s'arrachent des docteurs aux profils majoritairement scientifiques.

Le Geicet (Groupement européen d'ingénierie et de conseil en technologies) évalue la R&D en Europe à 160 milliards d'euros, dont 26 % seraient externalisés. Pour la France, il s'agirait de 35 milliards d'euros, dont 25 % seraient externalisés. La R&D externalisée représente en France un potentiel de 80 000 ingénieurs pour les seules activités de conseil et conception. De même, les grandes entreprises de transports à fortes compétences technologiques (ADP, Air France, RATP, SNCF...) mobilisent des compétences doctorales pour maîtriser la complexité de leur environnement.

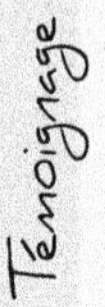

« Chaque année, plus de 2 000 ingénieurs rejoignent nos rangs. Nous offrons donc beaucoup de débouchés aux 36 000 ingénieurs et titulaires d'un DESS ou d'un doctorat formés chaque année en France. »

Simon Azoulay, PDG d'Alten.

D'autres secteurs peuvent mieux faire

À l'inverse, les grandes entreprises de services, comme l'assurance, la banque, le conseil, les médias, la publicité et les services informatiques participent au maintien du doctorat dans ce que l'on peut qualifier comme « l'anonymat social des docteurs », et ce pour des raisons inexpliquées.

En ce qui concerne, par exemple, les métiers du conseil et des services informatiques, il existe de fantastiques gisements d'emplois pour les docteurs et de larges opportunités pour les entreprises de ces secteurs de mobiliser les compétences doctorales dans de très nombreuses disciplines, au-delà des domaines strictement scientifiques. Les organisations et les systèmes d'information couvrent un périmètre fonctionnel qui ne cesse de s'élargir et ouvrent de nouvelles possibilités notamment pour les docteurs des sciences humaines et sociales.

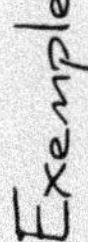

Sur les 227 docteurs Inria en 2005, seuls 25 % avaient rejoint l'entreprise, dont trois en SSII, trois chez les éditeurs de logiciel et un en cabinet de conseil. Pourtant, les extraordinaires mutations qui se préparent dans tous les domaines de l'informatique (Internet nouvelle génération, systèmes embarqués, robotique, systèmes sémantiques, Internet des objets...) devraient mobiliser les meilleurs talents pour permettre à nos champions nationaux de saisir toutes les opportunités liées au développement de l'économie numérique.

Les compétences doctorales sont en effet au cœur de la mutation de la majorité des activités économiques de production et de services vers une économie de la connaissance. Si la part de la recherche proprement dite des entreprises de conseil et de services informatiques est relativement réduite au regard d'autres activités industrielles (chimie, pharmacie, aéronautique, spatial, transports, matériaux…), ces entreprises du conseil participent de manière très active aux processus liés à l'innovation et à sa diffusion auprès de l'ensemble des acteurs de l'économie.

Cette situation ne semble pas liée à l'activité puisque quelques grandes entreprises, comme Accenture, recrutent un nombre significatif de docteurs. Les PME et les jeunes entreprises de la branche – jeunes pousses et gazelles – sembleraient faire nettement mieux que les grandes entreprises témoignant de leur dynamique dans la diffusion et le transfert de l'innovation à l'ensemble des secteurs de l'économie (maillage territorial, partenariat et sous-traitance auprès des grands groupes, pôles de compétitivité, essaimage...). Un autre indicateur consoliderait cette analyse : depuis 1981 – date de création des Cifre – 20 % des 15 000 Cifre ont été signées par des entreprises du secteur des services se ventilant de la manière suivante (source ANRT) :

– SSII : 27 % ;

– conseil : 17 % ;

– sociétés de recherche sous contrat : 15 % ;

– bureaux d'études techniques : 13 % ;

– autres services marchands, banque, assurance, ingénierie des groupes, cabinets d'avocats : 26 %.

3.3. PME

La grande majorité des PME est convaincue de la nécessité de devoir innover. Aussi, le tissu des PME est aujourd'hui l'un des premiers lieux de l'innovation en France.

« Une PME performante doit être considérée comme un futur grand groupe. »

Emmanuel Leprince,
délégué général du comité Richelieu

« L'innovation n'est pas une fin en soi. C'est la pierre angulaire de la guerre économique, la seule garantie du succès de nos entreprises. C'est l'innovation qui permet de proposer une offre compétitive en France et à l'exportation. C'est l'innovation qui permet de protéger nos emplois nationaux. Et cette innovation, force est de constater qu'elle repose aujourd'hui sur un tissu de PME-PMI que le monde entier nous envie, riche de diversité, de dynamisme et de créativité. »

Thierry Gaiffe, président du comité Richelieu,
organisation regroupant
plus de 220 PME innovantes

En témoigne la liste des PME participant, par exemple, à des grands projets de recherche français ou européens, aux différents pôles de compétitivité, aux salons technologiques comme le Toulouse Space Show. De même, 150 PME ont été conviées par le CEA Cadarache à présenter leurs expertises sur plusieurs grandes thématiques (conception avancée, formage, soudage, télé-opération, télémanipulation, robotique, ventilation nucléaire, risque incendie, simulation, modélisation des phénomènes physiques, instrumentation en milieux hostiles, optique...) dans le cadre d'une manifestation Pacte PME en juin 2008.

Outre la qualité des projets innovants qu'elles mettent en œuvre, les PME séduisent par leur management à dimension humaine, la prise rapide de responsabilités et les opportunités liées au développement rapide de ces structures innovantes.

Les PME manquent de talents pour servir leurs projets

Pour autant, les PME se heurtent à certaines difficultés pour mettre en œuvre leurs politiques d'innovation et pour disposer des compétences nécessaires à leur développement.

> Des société innovantes de proximité, y en a au coin de notre rue. Il y en a partout. »
>
> Hugues-Arnaud Mayer, docteur en pharmacie, PDG d'Abeil et président de la commission développement des territoires du Medef

Une enquête réalisée en mai 2005 auprès de 1 000 PME par Oséo révélait que 56 % des répondants ont une ou plusieurs idées innovantes en attente de réalisation, mais que seuls 8 % des entreprises interrogées sont véritablement organisées pour innover de manière régulière.

Tableau 1.1 – PME : les obstacles à la mise en œuvre de projets innovants

Manque de temps personnel du dirigeant	59 %
Manque de ressources financières de l'entreprise et la difficulté d'accès au crédit pour l'innovation	39 %
Risque de fragilisation en cas d'échec	26 %
Manque de personnel qualifié	25 %

Tableau 1.2 – PME : moyens envisagés pour mener à bien les projets innovants

Formation continue	38 %
Embauche de collaborateurs qualifiés	37 %
Modification de l'organisation du travail	28 %
Recours à des consultants/chercheurs externes	20 %
Appel aux aides publiques	16 %
Recours aux TIC	10 %

Deux remarques s'imposent :

- la structuration des PME est généralement insuffisante en termes d'innovation. Les 59 % de chefs d'entreprise manquant de temps pour faire avancer les idées en souffrance montrent que l'organisation même de leur entreprise n'est pas pensée autour de l'innovation ; la disponibilité d'une seule personne pouvant débloquer une situation figée et un manque de ressources allouées se devine en arrière-plan ;

- l'embauche de docteurs (avec incitations fiscales très motivantes dans le cadre du Crédit impôt recherche, les dispositifs Cifre ou doctorants-conseil) ou les opportunités de coopération qui permettent, dans le cadre des pôles de compétitivité, des partenariats avec les universités et centres de recherche constituent d'excellentes réponses pour accompagner les PME dans leurs démarches d'innovation et de développement.

Les entreprises françaises, pour la plupart créées, dirigées et dominées par des ingénieurs ou des diplômés d'école de commerce, ont pour une large part d'entre elles besoin de voir leur culture de l'ingénierie être fécondée par une dose de recherche et d'innovation si elles veulent survivre aux risques de la mondialisation et saisir cette opportunité pour générer des avantages concurrentiels significatifs.

Le tissu industriel français évolue, avec malheureusement une certaine tendance à se réduire, les performances technologiques et économiques de certains secteurs comme l'aéronautique, le spatial, l'automobile ou l'énergie ne compensant pas la faiblesse d'autres secteurs et la contraction régulière de l'emploi industriel.

En effet, le phénomène de délocalisation touche à peu près tous les secteurs (et même celui des services). L'attitude à avoir pour éviter que ceci se traduise par une augmentation du chômage est de créer de nouvelles filières industrielles indispensables pour soutenir la dynamique globale de l'emploi, dont celle des services.

L'apport de compétences doctorales par le recrutement, par l'accueil de doctorants et/ou par des partenariats étroits avec les filières académiques et de recherche constitue un excellent levier pour booster la compétitivité de l'entreprise.

CHAPITRE 2

Beaucoup trop de bonnes raisons d'embaucher un docteur?

1. Les docteurs : onze capacités et compétences spécifiques

1.1. Maîtriser la complexité et l'incertitude

Notre écosystème se caractérise par la mondialisation de la société et de l'économie, par l'ampleur des défis de société à relever, par une accélération du temps et une interdépendance croissante des acteurs, par la mutation constante des activités et des compétences pour les assurer.

Le progrès extraordinaire des technologies et de leurs applications, la multiplicité des acteurs et des expertises génère une complexité et une incertitude croissante qui affectent tout autant le décideur politique ou économique, que le citoyen ou le consommateur.

La complexité est tout d'abord le produit naturel de l'investissement et de la capitalisation réalisés dans le domaine du savoir. Ceux-ci génèrent une accumulation de connaissances de plus en plus approfondies sur un sujet d'ordre scientifique, économique, social ou culturel.

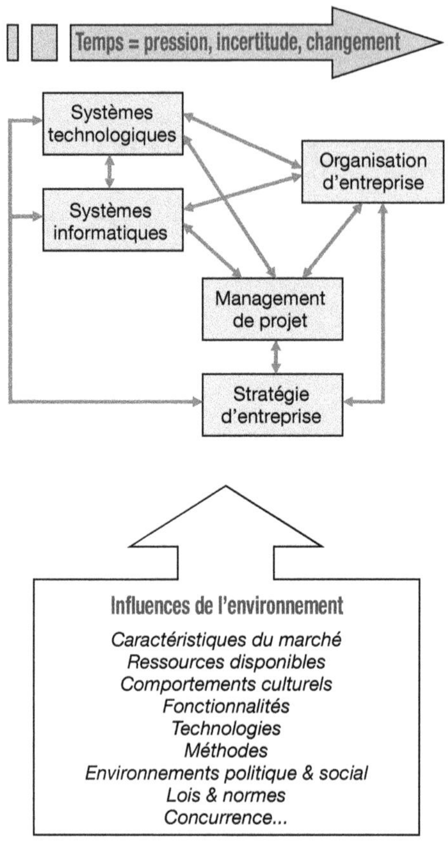

Figure 2.1 – Complexité du projet influencée par la dimension temps et les évolutions de son environnement

Il apparaît aux experts que cette complexité croissante est imputable de plus en plus :

- à la mise en relation et en cohérence de sous-systèmes nombreux, distincts et hétérogènes de connaissances et de savoir-faire qui doivent être mis en œuvre pour servir un projet global. Par exemple, la construction d'un système comme un porte-avions mobilise des compétences aussi diverses que celle de la construction navale, de la propulsion nucléaire, des systèmes d'armes, des télécommunications, de la restauration, de la logistique ;

- à l'influence des écosystèmes politiques, économiques, écologiques et sociaux, dans lesquels va se construire et évoluer le projet. Par exemple, la construction d'une usine s'inscrit désormais dans des études d'impacts prenant en compte l'ensemble des composantes de l'environnement et l'acceptation des riverains.

Mondialisation et complexité

Le décideur politique, économique ou social est confronté à une multitude de paramètres et de critères à prendre en compte pour concevoir, mettre en œuvre et maintenir le système dont il a la responsabilité. Il doit concilier les contraintes et les exigences de systèmes hétérogènes, concurrents ou conflictuels. Il doit notamment décider et arbitrer dans des contextes en mutation permanente, extrapoler à partir de maquettes, prototypes ou études, pour bâtir des solutions durables et évolutives, et anticiper les ruptures et les conséquences des évolutions futures.

Travailler dans un environnement mondialisé relève d'une véritable complexité. Les barrières culturelles et linguistiques sont potentiellement porteuses de conflits, d'incompréhension et de perte de sens, de cohésion et d'efficacité. Faire travailler conjointement, par exemple, des Français, des Anglais et des Indiens sur un projet d'informatisation bancaire en associant des compétences organisationnelles, fonctionnelles et techniques se révèle parfois délicat. Nous pouvons aisément imaginer ce qu'il en est quand il s'agit de conduire des projets aussi innovants et compliqués que Galiléo, Copernicus ou la station spatiale internationale (ISS) construite et assemblée en collaboration entre plusieurs pays.

Au cours de ses travaux de recherche, le docteur a rencontré toutes ces difficultés. Il a coopéré avec – ou s'est confronté à – des équipes relevant de plusieurs disciplines et organismes et appartenant à plusieurs nationalités, le tout dans un champ extrêmement concurrentiel, avec des enjeux stratégiques ou financiers importants.

Sauf à devoir être condamnées à sortir rapidement du marché, les entreprises sont amenées à s'organiser pour mieux identifier les facteurs clés de leur développement et de leur survie, anticiper les opportunités et les risques, maîtriser l'incertitude liée à la multiplicité des acteurs et des paramètres, s'adapter en permanence aux transformations de leur écosystème, réallouer en permanence leurs ressources et concentrer leurs énergies et leurs investissements sur leurs priorités stratégiques.

Maîtriser la complexité et l'incertitude est l'affaire de tous les managers dans l'entreprise, du directeur au chef de projet, mais aussi d'équipes plus ou moins dédiées (par exemple à la stratégie, à la veille, à la prospective, à la maîtrise des risques, au développement durable…).

Dans ce contexte, les docteurs qui ont bénéficié d'une formation par la recherche et qui souhaitent s'investir dans l'entreprise disposent d'atouts spécifiques ouvrant à d'excellentes opportunités tant dans des activités de R&D que plus largement dans toutes les fonctions de management de l'entreprise.

L'entrepreneuriat des docteurs, un antidote à l'incertitude

Complétant une solide formation supérieure qui a permis de constituer un socle de méthodes et de connaissances, enrichie par de premières expériences professionnelles, l'expérience de recherche prédispose un manager à mieux aborder la complexité et l'incertitude.

> «La connaissance se construit par destruction successive d'incertitudes et non par succession de certitudes.»
>
> Albert Jacquard, philosophe et généticien

Savoir ce que l'on va chercher, où l'on cherche, comment on cherche, c'est déjà avoir résolu une large partie du problème auquel on est confronté. Savoir évaluer la progression de sa recherche, se fixer des limites, répartir ses investissements, identifier les impasses, reconfigurer sa démarche et réallouer ses ressources en flux tendus sont des savoir-faire et savoir être inestimables.

Le docteur est l'entrepreneur de son doctorat et des travaux de recherche associés. L'engagement et la rigueur qu'il met à conduire son projet le préparent à assumer dans les meilleures conditions son futur rôle de manager. Le chercheur, comme le manager, doit en effet pouvoir reconfigurer totalement – et rapidement – son dispositif si les hypothèses initiales ne se vérifient pas ou si de nouveaux paramètres, acteurs ou règles du jeu modifient de manière significative l'écosystème d'origine.

Tout au long de sa vie professionnelle, le docteur peut et doit maintenir les qualités entrepreneuriales qu'il a révélées et structurées lors de l'élaboration de son projet doctoral en les mettant au service des projets et responsabilités qui lui sont confiés.

La rigueur scientifique et méthodologique des docteurs, une réponse à la complexité

L'élaboration d'un projet doctoral repose sur la collection, le tri, l'évaluation et l'analyse d'une quantité considérable d'informations par nature très hétérogènes et la prise en compte de multiples paramètres. Il s'agit ensuite d'en faire la synthèse, de les organiser, d'en apprécier les effets et les interdépendances pour construire une proposition rigoureuse reposant sur des éléments modélisables et pouvant être audités.

Pour ce faire, le docteur se situe à la pointe de sa discipline, très souvent à l'extrême frontière de la connaissance. Il intègre les apports d'autres disciplines et détecte les signaux faibles qui marquent les inflexions, les retournements et les remises en cause des doctrines ou pratiques les mieux enracinées.

Ce travail de recherche fait appel aux connaissances multidisciplinaires les plus récentes et sollicite au plus haut niveau les connaissances et les capacités d'analyse du docteur. Les travaux de recherche menés dans le cadre du doctorat s'appuient et se confrontent aux meilleures expertises mondiales dans chaque discipline considérée.

L'exercice ne consiste donc pas uniquement à comprendre la complexité d'une technologie et à la mettre en application. L'enjeu est ici d'être capable de la dominer, en remettant éventuellement en cause certains de ses fondamentaux, pour proposer par une démarche scientifique rigoureuse des modèles explicatifs, des solutions ou des points de vue nouveaux, alternatifs et créateurs de valeur. Cela suppose une première mise en œuvre de capacités et d'attitudes qui seront déterminantes tout au long de la vie professionnelle pour affronter une complexité et une incertitude croissantes.

Si cette capacité à maîtriser l'incertitude est pour partie liée à certaines caractéristiques de la personnalité – curiosité, capacité de projection, rigueur, lucidité, engagement – ce sont surtout par l'apprentissage, par une pratique et une discipline continue et l'application de quelques méthodes que se constituent ce savoir-faire et ce savoir être. Tels sont les acquis incontestables d'une bonne formation par la recherche : valider rigoureusement les informations et paramètres clés, identifier les relations et les axes structurants, s'appuyer sur des modélisations, remettre en cause certains *a priori*.

Gérer le doute

Les certitudes sont le linceul de l'entreprise. Dans un monde qui bouge et qui se transforme rapidement, aucune activité n'est à l'abri de voir son marché disparaître ou de se transformer en centre de pertes. Il faut en permanence être capable d'assurer le court terme en voyant loin. Il faut penser global en agissant local.

> «Le principe du vrai courage, c'est le doute. L'idée de secouer une pensée à laquelle on se fiait est une idée brave. Tout inventeur a mis en doute ce dont personne ne doutait.»
>
> Émile-Auguste Chartier, dit Alain

Cela suppose de pouvoir en permanence ajuster le zoom de sa vision et de son action. Il s'agit d'augmenter l'entropie du système afin de saisir toutes les opportunités et de ne pas se laisser déborder sur un champ qui semblait périphérique (marché, technologie, produits, partenaires, canal de distribution, style de communication…), tout en sécurisant le court terme par une concentration sur l'essentiel et une optimisation radicale des ressources.

Dans des situations incertaines, la bonne gestion du doute et l'approche scientifique mises en œuvre par le docteur sont un puissant moteur pour évoluer et maîtriser les risques, sans pour autant conduire à une limitation de l'entropie qui serait réductrice d'opportunités.

1.2. Ouvrir des voies pour imaginer le futur

Pour de très nombreuses entreprises la marque des docteurs est cette capacité, plus que tous autres diplômés, à défricher, éclairer l'avenir et ouvrir des voies pour imaginer le futur et ce, parfois, de manière totalement indépendante à la discipline d'origine.

> **Témoignage**
>
> « Le docteur est très précieux lorsqu'on a envie de changer les choses. Parce qu'il a un esprit ouvert, réceptif et innovant, ce qui nous intéresse beaucoup plus que sa spécialité. Un docteur en physique nucléaire, par exemple, peut être engagé pour encadrer le bureau d'études ou même les ressources humaines de la société ! »
>
> **Pierre Beuzit, *op. cit.***

Aussi, nous ne pouvons qu'encourager les entreprises à partager la conviction de Valérie Pécresse, ministre de l'Enseignement supérieur et de la Recherche. Elle encourage les entreprises à faire l'expérience de ces apports en challengeant des docteurs sur des sujets nécessitant notamment des approches fondamentalement originales ou en rupture.

> « Les entreprises aussi doivent goûter à la qualité des docteurs, ces hommes et ces femmes qui ont fait l'expérience de la recherche, qui ont développé des capacités de managers de projet, qui savent porter des visions alternatives et inventer des solutions nouvelles. »[1]
>
> Valérie Pécresse

---

1. 29 mai 2008.

1.3. Identifier des problèmes nouveaux

La première représentation de l'activité des docteurs renvoie à la recherche fondamentale et nous pourrions penser qu'être à la « frontière des connaissances » ne renvoie qu'à celle-ci et ne concerne en rien les entreprises. Il n'en est rien, et repousser la frontière des connaissances permet de mieux communiquer, simuler des processus, traiter l'information, échanger et partager, capitaliser de l'expérience. Ainsi, des grandes entreprises comme IBM ou Intel font progresser de manière stupéfiante simultanément les sciences physiques et les applications pratiques dans les produits électroniques.

> « Chaque publication scientifique ne sert qu'à poser dix, vingt questions. Chaque découverte scientifique est passionnante parce qu'elle ouvre un univers de question. »
>
> Boris Cyrulnik

Exemple

IBM, acteur majeur de la recherche mondiale

IBM mobilise dans une dizaine de laboratoires à travers le monde plus de 3 000 chercheurs. Ses travaux de recherche ont déjà été récompensés par six prix Nobel et ont fait l'objet de plus de 40 000 brevets déposés au rythme de plus de 3 000 par an. Interdisciplinaires, ils interviennent dans de nombreux domaines associant chimie, électronique, informatique, linguistique, mathématiques, optoélectronique, physique... et dans des domaines d'applications aussi divers que les systèmes avancés de communication et de stockage, le multimédia, les architectures de circuit, les semi-conducteurs, les bibliothèques numériques, l'e-commerce, l'imagerie, la météorologie, les nanotechnologies, l'optimisation des processus industriels, le calcul intensif ou la sécurité informatique.

Ces investissements font d'IBM un acteur majeur de la recherche mondiale, mais aussi le font contribuer par la mise à disposition de nouvelles technologies de l'information et de puissances de calcul de plus en plus performantes au développement du potentiel de recherche des autres secteurs. Les capacités de calcul intensif permettent, par exemple, de progresser dans des domaines aussi divers que la compréhension du modèle de réchauffement climatique, la maîtrise des nouvelles énergies ou dans la connaissance du génome humain.

Au-delà de ses propres ressources de recherche et d'innovation, IBM a construit un large réseau de partenariat avec de très nombreux laboratoires à travers le monde. IBM vient par exemple de confirmer son investissement dans les nanotechnologies par la création d'un laboratoire conjoint avec l'Institut fédéral des technologies de Zurich (ETH) dopant le potentiel du centre de recherche

IBM de Zurich qui a déjà à son actif deux prix Nobel de physique (Gerd Binnig et Heinrich Rohrer pour l'invention du microscope à effet tunnel – Georg Bednorz et Alex Müller pour la découverte de la supraconductivité à haute température) et de nombreuses innovations industrielles comme le Token Ring devenu un standard pour les réseaux locaux, le SET standard dans la sécurité des systèmes d'information ou des technologies Smart Cards repris par les industriels des cartes à puces.

De même, la remise du prix Nobel de physique en 2007 à Albert Fert (docteur, professeur à l'université Paris-Sud Orsay, directeur scientifique de l'Unité mixte de physique CNRS/Thales) et Peter Grünberg récompense leur découverte de la magnétorésistance géante, une des premières applications importantes des nanotechnologies ouvrant à la fabrication de disques miniatures essentiels au quotidien à des produits comme les baladeurs MP3 ou les ordinateurs ultralégers indispensables aux usages nomades.

Nous le voyons, un lien étroit associe les différents stades de la recherche, fondamentale et appliquée, et la mise sur le marché de produits innovants soutenant le développement pérenne de l'entreprise. Ils participent directement et conjointement au développement des connaissances et à la croissance économique, mais aussi à un meilleur habitat, à des économies d'énergie et au respect de l'environnement ou encore, par exemple, à l'esthétique. Pour autant, la frontière des connaissances scientifiques diffère souvent de la frontière des connaissances de l'entreprise. Le rôle du docteur est de connaître le positionnement relatif de ces deux frontières pour développer l'innovation et la compétitivité de son entreprise.

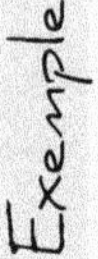

« J'étudie dans le cadre d'un partenariat avec Lafarge les comportements mécaniques du ciment à une échelle nanométrique, c'est-à-dire l'infiniment petit. C'est une approche scientifique particulièrement intéressante car elle révèle des propriétés jusqu'ici inconnues et en même temps universelles. Comme pour le génome humain et la thérapie génique qui découlent de son décodage, ces travaux permettront de concevoir des matériaux de très haute performance et d'allonger leur durée de vie. Concrètement, je travaille avec les chercheurs de Lafarge pour tester les matériaux. Pour moi, Lafarge est le seul acteur de la construction à maîtriser cette approche nanométrique des matériaux. » Franz-Josef Ulm, professeur associé de génie civil et environnement, Massachusetts Institute of Technology (MIT).

«Le grand public n'associe pas toujours nouveaux matériaux et recherche fondamentale. Et pourtant, la mise au point de nouveaux matériaux de construction suppose que l'on ait une compréhension globale des mécanismes responsables de leur solidité et de leur durabilité. Pour cela, une connaissance précise de la microstructure des matériaux est nécessaire.» Paulo Monteiro, professeur à Berkeley.

Pour maintenir son avantage compétitif et saisir toutes les opportunités qu'ouvre l'exigence de mieux économiser l'énergie, bien que disposant de l'expertise exceptionnelle de son centre de recherche (LCR) à l'Isle d'Abeau, Lafarge a, par exemple, décidé de créer la chaire «Science des matériaux pour la construction durable», en s'enrichissant des compétences scientifiques complémentaires de l'École Polytechnique et de l'École des Ponts. Cette chaire a pour objectif de développer les bases scientifiques nécessaires à l'approche interdisciplinaire et multi-échelle de l'ingénierie des matériaux de construction, à l'optimisation de leur mise en œuvre, de leurs propriétés d'usage et de leur durabilité dans des conditions d'environnement définies s'insérant dans une approche globale de développement durable (quelques axes de recherche propres à cette nouvelle chaire : le comportement environnemental du plâtre, le comportement différé du béton, le comportement du béton au gel, le bilan CO_2 dans l'analyse du cycle de vie du béton...).

La France dispose d'une recherche publique plutôt orientée recherche fondamentale, très étoffée et de bon niveau. Pourtant, force est de constater que celle-ci est relativement peu exploitée. On l'accuse d'être trop éloignée des préoccupations industrielles – c'est vrai mais c'est dans sa nature.

Dans les pays qui tirent un meilleur profit de leur recherche fondamentale – en particulier les pays anglo-saxons – existent des organismes intermédiaires qui mettent les résultats de cette recherche au service du monde économique. C'est aussi le cas en Allemagne avec les 56 instituts Fraunhofer dédiés à la recherche en sciences appliquées. En France, nous ne disposons que très partiellement de ce type de dispositif.

L'entreprise doit donc s'organiser en conséquence ; le docteur par sa connaissance du milieu de la recherche et son réseau, va permettre à l'entreprise – quelle que soit sa taille – de nouer des relations utiles et de tirer parti des innombrables découvertes qui sont faites dans les laboratoires nationaux.

1.4. Évaluer l'investissement, le réalisme des objectifs à atteindre et les risques associés

La recherche représente un investissement conséquent dont les retombées par nature restent largement aléatoires, y compris dans ce que l'on appelle la recherche appliquée qui constitue l'essentiel de la recherche conduite en entreprise.

Comme pour tout investissement, il est indispensable d'en mesurer la rentabilité, les modalités de retour en termes de résultats financiers et les risques associés. L'investissement en innovation, dans sa double composante matérielle et immatérielle, n'est considéré comme productif que lorsque la valeur cumulée des innovations obtenues (produits, services, procédés...) est suffisamment supérieure aux coûts engendrés.

Le jeune chercheur a appris dès ses premières expériences de recherche à devoir évaluer en permanence son investissement, le réalisme des objectifs à atteindre et les risques associés. Cette expérience s'est constituée dès la construction du projet de recherche où il s'est agi pour le doctorant d'apprécier avec l'aide de son équipe et de son directeur de recherche le réalisme du choix du projet, des objectifs, des axes de recherche, des moyens à mobiliser et des investissements à consentir (moyens humains, techniques et financiers...), des dépendances éventuelles avec d'autres projets de recherche concurrents, du calendrier... Bien que s'agissant d'un domaine original, il lui a fallu émettre des hypothèses et identifier les risques multiples associés à la découverte d'un nouveau domaine ou d'une nouvelle problématique.

> *Témoignage*
>
> « La façon dont je dois prendre du recul pour appréhender un sujet. Comprendre très vite le contexte et avoir suffisamment de connaissances générales pour être productif très vite. Je n'ai pas un métier où je dois approfondir, aller en détails dans le sujet, mais voir si le sujet colle aux objectifs de la société et voir quels sont les points positifs des éventuels projets à mettre en place et on obtenir le maximum. »
>
> **P.-D. B., docteur en optoélectronique, ingénieur d'affaires (R&D semi-conducteurs).**

Phase après phase, le doctorant s'est s'assuré qu'il était en ligne avec son plan de marche, que ses hypothèses de départ étaient toujours réalistes, que ses méthodes de travail répondaient bien aux exigences de la recherche et aux objectifs poursuivis. En termes de conduite de projet, il a dû de la même manière s'assurer de la pertinence de ses investissements, de la mobilisation de ses ressources (techniques, humaines, financières…), du respect des délais, de la qualité des livrables, de l'exhaustivité et de la qualité des expérimentations nécessaires. Le doctorant a été confronté au syndrome du joueur de hasard qui peut être tenté de persévérer dans l'erreur et dans la perte espérant récupérer sa mise initiale.

Il s'est construit une capacité à garder de la lucidité et de la sérénité lors d'étapes éprouvantes : confronté à l'incertitude et aux aléas de la recherche, il faut être capable de prendre de la hauteur pour apprécier la bonne décision : persévérer – quitte à adapter certains protocoles – ou remettre en cause de manière plus radicale ses hypothèses de départ – avec toutes les conséquences sur les investissements déjà réalisés.

> « Une condition essentielle de l'hypothèse (scientifique), c'est qu'elle soit aussi durable que possible. »
>
> Claude Bernard

1.5. Maîtriser les méthodes de la recherche

Le parcours doctoral est une expérience professionnelle, durant laquelle le doctorant suit un véritable apprentissage, encadré par son directeur de recherche et soutenu par son environnement direct (laboratoire, école doctorale, entreprise) : méthodes de recherche, règles et techniques de son domaine, éthique. Dans ce contexte, il développe et approfondit toutes les capacités permettant à un jeune chercheur de pouvoir s'exprimer – notamment capacité de synthèse, rigueur rédactionnelle, sens de la démonstration et de l'argumentation, capacités de communication et d'échange.

Modéliser la complexité et produire des modèles explicatifs

Plus les systèmes à analyser ou à maîtriser sont complexes et évolutifs, plus il apparaît nécessaire de pouvoir décrire et en modéliser leur fonctionnement, leurs composants et leurs interactions. Cette exigence de modélisation par la conception d'un modèle descriptif et explicatif s'applique au sein de l'entreprise à des domaines aussi variés que :

- mathématiques appliquées, chimie, physique, sciences de la vie et de la terre : la modélisation permet d'analyser des phénomènes réels et de prévoir des résultats à partir de l'application d'une ou plusieurs théories à un niveau d'approximation donné ;

- ingénierie, par exemple la modélisation 3D de processus industriels ou logistiques ;
- informatique : la modélisation de données ou de processus constitue une étape de construction d'un système d'information ; la modélisation objet consiste à créer une représentation abstraite, sous forme d'objets, d'entités ayant une existence matérielle (personne, téléphone, soupape industriel, automate d'accès, facture...) ou bien virtuelle (sécurité sociale, compte bancaire...) ;
- pédagogie de formation et de diffusion des connaissances : la modélisation de la discipline consiste en une représentation simplifiée des objets d'enseignement sous une forme plus ou moins abstraite que les apprenants auront à s'approprier.

La conception de modèles explicatifs permet de restituer d'une manière simple mais rigoureuse le fonctionnement de systèmes complexes stables (par exemple, les apports de la mécanique newtonienne à l'industrie et aux transports depuis la seconde moitié du XIXe siècle).

Elle permet aussi désormais de restituer de la même manière des systèmes versatiles ou très évolutifs, comme ceux associés aux transports urbains, à la génétique des populations, aux maladies infectieuses, au changement climatique ou à l'évolution des langues. Dans ces derniers cas, il s'agit de systèmes complexes et évolutifs, mettant en jeu plusieurs composantes dont les interactions génèrent des propriétés ou des phénomènes nouveaux, dits émergents, que les modèles mathématiques traditionnels sont impuissants à décrire et qui font appel à des techniques de modélisation extrêmement puissantes et innovantes.

Disposer de modèles explicatifs, c'est pouvoir concevoir des produits, services ou procédés, dont les caractéristiques et les comportements sont maîtrisés et formalisés, en réduisant chaque fois que cela est possible les phénomènes imprévus ou aléatoires et donc en réduisant considérablement les coûts et les délais de conception (conception d'un avion comme l'Airbus ou de gammes automobiles, par exemple). Cette maîtrise conditionne toute industrialisation de produits, services ou procédés, toute démarche qualité ainsi que l'optimisation des organisations mises en œuvre (conception, production, logistique, maintenance), ou encore la rentabilité des investissements réalisés.

Les défis que nous posent le respect de notre environnement, le réchauffement climatique et la maîtrise de l'énergie ou des ressources primaires, ainsi que les problématiques sociales majeures telles que la santé, l'éducation ou encore le vieillissement des populations nous imposera de plus en plus la nécessité de disposer de modèles explicatifs en amont de nos décisions d'investissement ou d'engagement de projets.

En matière d'environnement et de développement durable, les entreprises devront intégrer dans la conception de leurs produits tous les impacts susceptibles d'intervenir pendant l'ensemble du cycle de vie – conception, production, maintenance et retrait des produits – et tous les écosystèmes dans lesquels ils évoluent.

Les gestions de crise et le contrôle croissant des pouvoirs publics, des médias, des associations de consommateurs ou du grand public imposent de disposer de modèles explicatifs et de systèmes de gestion des risques.

Plus que toute autre expérience, le travail de recherche repose sur une capacité à modéliser des systèmes complexes de toute nature et à fournir des modèles explicatifs validés par la théorie et l'expérimentation.

> «Les compétences acquises par les chercheurs pendant leur doctorat ont trait à la gestion de la complexité et de l'incertitude, et à la capacité d'inventer des solutions adaptées à de nouveaux problèmes. De telles compétences sont utiles à la plupart des secteurs de l'économie et de la société. Les entreprises, associations, collectivités territoriales, administrations, gouvernements, c'est-à-dire les diverses organisations de nos sociétés, sont de plus en plus confrontées à des problèmes qui ne peuvent pas être résolus par des solutions classiques reposant sur une simplification de la réalité.»
>
> ANDèS

Élaborer et formaliser une large partie de ses propres méthodes de travail

> *Témoignage*
>
> «Après une activité de chargé de mission au sein d'un établissement public, j'ai rejoint en tant que chef de projet une PME qui exerce une activité de bureau d'études en matière d'environnement et de milieu naturel. Je porte aujourd'hui le développement d'un pôle R&D au sein d'une PME dans les domaines extrêmement porteurs et novateurs de l'environnement et du développement durable.»
>
> **C.P., docteur en écologie.**

Abordant des problématiques nouvelles, le chercheur est condamné à devoir élaborer et formaliser une large partie de ses méthodes de travail – et parfois même certains de ses outillages, si les méthodes et outils disponibles sont inexistants ou encore insuffisants pour répondre aux exigences de la recherche. Ceci est vrai tant dans le domaine de la recherche fondamentale que dans celui de la recherche appliquée.

Certains grands projets de recherche sont directement conditionnés par l'aboutissement d'autres projets de recherche ou de développement. Les fantastiques avancées de ces dernières années en astronomie ont largement été autorisées par la conception et le lancement du télescope spatial Hubble, qui a nécessité la résolution de multiples problèmes en matière d'optique, de traitement numérique et de stabilisation orbitale.

Ceci est également vrai, dans des proportions certes plus modestes, au sein des activités de recherche et développement de l'entreprise, qu'il s'agisse de méthodes de mesures optroniques, de nouvelles méthodes de traitement basées sur la recherche moléculaire pour la thérapie génétique ou encore de méthodes d'échantillonnage ou statistiques pour des activités de marketing ou d'études de marché.

En toute hypothèse, le jeune chercheur doit, *a minima*, constituer l'ensemble de la « boîte à outils » lui permettant de :

- s'informer : bases bibliographiques, publications, serveurs de prépublications, alertes push sur profils, articles, tables des matières sur Internet, réseaux de correspondants, forums, sites comme Google Scholar, Scirus, Windows Live Academic ou encore OAIster, blogs accessibles via des moteurs de recherche comme Technorati, wikis, mais aussi de nombreux autres modèles développés par les laboratoires et universités, fils RSS ou atom comme ceux des revues du groupe Nature, de l'American Institute of Physics RSS Feeds ou d'EDP Sciences… ;

- publier pour la reconnaissance de son travail (« *publish or perish* ») : articles, communications aux congrès, livres, expositions, conférences grand public… mais aussi les nouveaux outils de publication que peuvent constituer l'Open Access ou l'Open Archive, de nouveaux acteurs comme la Public Library of Science (PloS), Biomed Central ou encore BioOne, les bibliothèques numériques comme Persée ou Numdam ; cela inclut la valorisation de sa recherche en trouvant des partenaires comme les sociétés de valorisation (ex. : Ezus à Lyon) ou en déposant des brevets (*via* l'INPI) ;

- archiver : les docteurs et doctorants disposent de différents types de services d'archives organisées par discipline comme arXiv en physique (lancé en 1991) et la Cellule MathDoc, ou par institution comme le serveur Hal du CNRS et l'eScholarship de la California Digital Library ;

- évaluer et se faire évaluer : un certain nombre de sites permettent de disposer d'une comptabilisation, d'informations et de statistiques sur les communications scientifiques comme le Journal Citation Reports, le Web of Science, ScienceDirect, Scholar Google ou certains spécialisés comme le Faculty of 1 000 pour la biologie ;
- gérer son information : gestion de bibliographie avec des outils comme EndNote, RefWorks, Bibus ou Wikindx.

Rassembler la documentation existante et en faire l'analyse critique

Aborder une nouvelle thématique, c'est procéder dans un premier temps au rassemblement de toute la documentation disponible (communications scientifiques, livres, cours, articles, comptes rendus de conférences, forums…) intéressant de près ou de loin le sujet, quels qu'en soient le format ou la langue, et d'en faire une analyse critique (fiches d'analyse, amorce de la bibliographie…).

> «La vocation première d'un chercheur est de créer de l'information nouvelle et non pas de manipuler d'un manière de plus en plus élaborée l'information déjà disponible.»
>
> Pierre Joliot

Ce travail de documentation va ensuite concerner tous les aspects du travail de recherche mené par le doctorant (fiches recueillant les conditions d'expérimentation et les résultats obtenus, cahiers de laboratoire, fiches d'analyse, de modélisation et de synthèse, communications scientifiques, comptes rendus des colloques, séminaires et conférences, notes sur les communications scientifiques ou apports critiques des autres équipes de recherche, rapport d'étonnement, notes de méthodes, etc.) qui permettront au chercheur de pouvoir structurer et rendre auditable par ses pairs l'ensemble de ses travaux.

La documentation et l'analyse critique des activités ou des situations restent encore trop souvent le point faible des organisations, qui sont tirées par le résultat et l'action. Le savoir-faire méthodologique des docteurs est une occasion de pouvoir faire progresser l'entreprise sur cet axe qui sera de plus en plus contraignant dans le futur (normes comptables et financières, audit, traçabilité, processus qualité, développement de la « judiciarisation » du monde économique et des appels en responsabilités…).

« Dans l'automobile, où la concurrence est mondiale et très vive, il est étonnant de constater que chaque constructeur analyse à la loupe les nouveaux produits de ses concurrents, mais très peu les brevets et publications de ceux-ci. Cela lui donnerait dans bien des cas, la possibilité de comprendre la stratégie du dit concurrent et, éventuellement, d'anticiper certaines innovations. »

Pierre Beuzit, *op. cit.*

1.6. Inventer des méthodes nouvelles pour résoudre des problèmes anciens

Les docteurs au secours de l'innovation incrémentale

À côté de l'innovation de rupture, qui a pour objet d'imaginer des solutions radicalement nouvelles pour produire de nouveaux produits et services, les entreprises ont un besoin récurrent de créativité pour inventer de nouvelles méthodes permettant d'améliorer leurs produits et/ou services, et leurs processus de conception, de fabrication ou de diffusion, afin de mieux servir les attentes des clients et donc protéger leurs positions acquises et leurs marges, allonger le cycle de vie et prolonger les amortissements.

Cette innovation, dite « incrémentale » et fondée sur une amélioration progressive des produits ou des modes de fabrication, est souvent perçue comme la seule innovation accessible à l'entreprise. Pourtant, portés par des profils culturellement trop « consanguins », les besoins de renouvellement de l'entreprise peinent à être satisfaits.

> « Dans une vie, on peut au mieux inventer une chose, mais on peut en perfectionner mille. »
>
> Proverbe japonais

Les difficultés rencontrées par la direction de Renault pour concevoir une nouvelle voiture d'un format plus réduit que les modèles habituels (la Twingo) sont explicites. Il ne s'agissait pas d'introduire des innovations de rupture comme les moteurs électriques, les moteurs hybrides ou à hydrogène, ou encore d'introduire des innovations comme celles de la suspension hydrauliques de la DS chez Citroën. Et pourtant, les bureaux d'études campaient sur leurs positions pour expliquer toutes les raisons rendant impossible, à leurs yeux, la réalisation d'un modèle plus court que le standard des véhicules habituels. Le problème a finalement trouvé sa solution dans la constitution d'une nouvelle équipe, s'appuyant sur un nouveau management et de nouvelles compétences, pour concevoir le modèle de la Twingo dont se sont inspirés depuis de nombreux constructeurs.

Dans cette situation, l'opposition entre innovation de rupture et innovation incrémentale est en partie théorique, l'innovation incrémentale devant intégrer de nombreuses innovations de ruptures pour améliorer les produits et processus, bénéficier du progrès technologique et modifier des solutions restant insatisfaisantes. L'apport des compétences doctorales est précieux – voire incontournable – pour franchir certaines barrières technologiques, méthodologiques ou psychologiques.

1.7. Travailler en équipe : coopération et interactivité

Contrairement à la représentation caricaturale du docteur, rat de bibliothèque ou de laboratoire solitaire enfermé dans un académisme poussiéreux, le travail de recherche (soutenance de thèse ou expériences professionnelles ultérieures) ne peut être conduit que dans un cadre collectif d'échange, de confrontation, de validation et d'émulation.

Dans chaque discipline, la compétition est féroce entre les meilleures équipes mondiales pour repousser plus loin la frontière des connaissances, éprouver des hypothèses et des raisonnements, imaginer de nouvelles approches, hypothèses et méthodes pouvant déboucher sur de nouvelles découvertes, confirmer le résultat de travaux antérieurs ou concurrents, écarter ou infirmer définitivement certaines options ou résultats.

Témoignage

« Je suis chef d'un projet dans une société de services avec des missions d'organisation, de conduite du changement, dans un univers informatique où la technique et l'outil sont primordiaux. Mon savoir et mon expérience d'anthropologue me permettent d'être autonome et de passer d'un univers à un autre en m'adaptant aux us et coutumes des différentes entreprises. La diversité fait partie de mon savoir et je m'intègre sans difficulté dans une équipe. L'autonomie acquise lors de la rédaction de la thèse est particulièrement adaptée pour intégrer une entreprise lors de chaque nouvelle mission. Je suis devenue une consultante avec un regard et un savoir anthropologique qui me permettent d'être sensibilisée à l'environnement multiculturel de l'entreprise, tout en ayant une expertise qui répond aux besoins des clients pour lesquels je mène des projets. »

L.C., docteur en anthropologie, consultante au sein d'Urbanys.

Le travail de recherche ne peut se construire que dans des échanges interactifs entre équipes concurrentes mais néanmoins complémentaires. En effet, peu de sujets de recherche peuvent être conduits dans un cadre monodisciplinaire.

> **Exemple** La recherche dans le domaine génétique associe le meilleur des compétences en biologie avec les plus récentes expertises des nouvelles technologies (émergence d'une nouvelle discipline : la bio-informatique) afin d'être en mesure de séquencer, dans des délais extrêmement réduits, par exemple, le génome complet de l'anophèle gambiae (moustique) et celui du plasmodium falciparum (parasite), couple fatal impliqué dans la diffusion de la malaria qui tue chaque année trois millions de personnes et en invalide des centaines de millions à travers le monde. Cette coopération entre les expertises de plusieurs disciplines et techniques ouvre, par la cartographie des gènes pathologiques et de nouvelle pratique clinique, à la découverte de nouveaux traitements thérapeutiques dans des maladies comme la polyarthrite rhumatoïde, l'hépatite C ou encore la maladie d'Alzheimer.

Les pouvoirs publics, en France comme à l'étranger, ont pris conscience de la nécessité de favoriser au sein de grands programmes la coopération des équipes et une mise en commun des résultats et moyens de recherche devant impérativement être mutualisés compte tenu de l'importance des investissements à réaliser (notamment en matière de recherche fondamentale, la mutualisation est mondiale avec des outils comme le nouvel accélérateur LHC du Cern, dont la gestation a duré vingt-huit ans et qui a coûté plus d'un milliard d'euros).

Des compétences de haut niveau

Les docteurs sont un vivier de compétences de haut niveau, habituées à travailler en équipe interactive au sein de réseaux multidisciplinaires et portées par un esprit d'émulation coopérative. Cette capacité est essentielle pour pouvoir tirer tout le profit possible de son écosystème, mais aussi pour optimiser le fonctionnement de la création de valeur qui doit associer au sein de l'entreprise les compétences amont de recherche et de développement et les compétences plus avales (marketing, commerciales, logistiques, support, etc.) de la mise en marché.

Il s'agit de faire coopérer des acteurs aux cultures, objectifs, sensibilités différentes voire parfois conflictuelles. Il s'agit d'échanger et de coopérer avec ses pairs appartenant à des équipes concurrentes sur des sujets dont les enjeux économiques, politiques et sociaux peuvent être majeurs, tout en protégeant ses travaux les plus sensibles et le patrimoine que constituent les hypothèses, les méthodes, les résultats intermédiaires et les sous-produits associés.

Nous savons tous combien cette capacité est rare et essentielle quand nous sommes amenés au quotidien à mettre en œuvre cette « coopétition ». Cette notion, explicitée notamment par les économistes américains B. Nalebuff et A. Brandenburger comme « une révolution dans la manière de jouer concurrence et coopération », amène des entreprises concurrentes à devoir coopérer sur des projets clients, des projets de recherche ou de commercialisation ou encore une joint-venture.

> « La vie économique est toujours entre Attila et saint François d'Assise, entre la guerre et la paix. »
>
> Barry Nalebuff et Adam Brandenburger

Exemple

La Blu-Ray disc association a associé des concurrents aussi directs que Sony (inventeur du procédé), Hitachi, LG, Pioneer, Philips, Samsung, Sharp, Thomson, Panasonic, Mitsubishi Electric, Dell, Apple, Sun Microsystems... afin de définir les normes définitives, soutenir et coordonner les développements et imposer ce format comme une norme de fait au niveau mondial de remplacement du format DVD avec le ralliement notamment des principaux éditeurs de contenus comme Twentieth Century Fox, Warner Bross ou encore Walt Disney et conduisant le format concurrent, conduit par Toshiba, à jeter l'éponge.

De même, l'intégration de partenaires stratégiques pour le développement des produits (par exemple un équipementier comme Bosch, Delphi ou Valeo pour des constructeurs automobiles) ou de sous-traitants sensibles (R&D ou infogérance de traitements informatiques externalisées, voire délocalisées dans des pays étrangers) impose des contraintes analogues à celles de la coopétition horizontale.

Cette lutte économique et technologique est une illustration de la nécessité de développer au sein des entreprises des capacités de travailler en commun en mode réseau et interactif entre équipes et entreprises concurrentes, dans un esprit d'émulation coopérative, en préservant toutefois une totale confidentialité sur les informations, connaissances et les savoir-faire sensibles de l'entreprise qui constituent son patrimoine et font sa différenciation compétitive.

Les docteurs ont, pour la majorité, construit cette capacité et ce savoir-faire lors de l'élaboration de leur thèse de doctorat et dès leurs premiers travaux de recherche. Cette capacité et ce savoir-faire constituent un patrimoine et une marque « génétique » qui les accompagneront tout au long de leur carrière, quelle que soit la nature des fonctions qu'ils seront amenés à assumer.

1.8. Mobiliser des réseaux internationaux et multidisciplinaires

Bernard Bigot, haut-commissaire à l'énergie atomique rappelait lors de l'assemblée générale 2007 de l'ABG que « par son expérience de producteur de connaissances académiques ou technologiques, le docteur est, pour l'entreprise, une porte ouverte sur l'information scientifique mondiale. »

En effet, par sa première expérience de recherche, le docteur s'est constitué un réseau de compétences de très haut niveau dans son champ de compétences disciplinaires, tant en France qu'à l'étranger. Il a acquis une première reconnaissance par ses pairs par le biais des multiples échanges au cours de son projet doctoral, les communications scientifiques, et enfin la thèse elle-même.

Et Bernard Bigot de poursuivre : « Le recrutement d'un docteur, au-delà de sa capacité à poursuivre une activité de recherche propre au service de son nouvel employeur et à partager avec lui la part de connaissances non publiées, élaborées pendant ses années d'apprentissage de la recherche, est donc, pour l'entreprise, un moyen d'accès privilégié à une information actualisée sur la R&D de son domaine. »

Les années de recherche ont construit des liens interpersonnels basés sur l'excellence professionnelle et la confiance. Ce réseau est constitué des personnes directement en relation avec le docteur, mais aussi de tous les réseaux secondaires de compétences de ces correspondants. Il est à tout moment mobilisable pour conforter des hypothèses ou des pistes de solution, repérer des terrains ou axes de recherche prometteurs, identifier des signaux faibles et des compétences ou ressources rares, amorcer des collaborations ou partenariats, tester des scénarii de toute nature… Ce réseau vivant, personnalisé et qualifié peut être déterminant pour acquérir ou consolider un leadership, le tout à moindre frais.

1.9. Justifier d'une connaissance de l'entreprise et de capacités entrepreneuriales

N'en déplaise aux esprits chagrins et rétrogrades, le profil type du docteur exclusivement porté exclusivement par des valeurs académiques, faisant fi de toutes considérations économiques ou professionnelles, est bien révolu et ce, par la conjonction de plusieurs évolutions.

Le doctorat, une première expérience professionnelle

Le doctorat est une première expérience professionnelle associant de manière originale et indissociable :

– une dimension académique structurée autour de la conduite de la thèse ;

– une dimension professionnelle structurée autour de l'expression du parcours professionnel et destinée à engager une carrière.

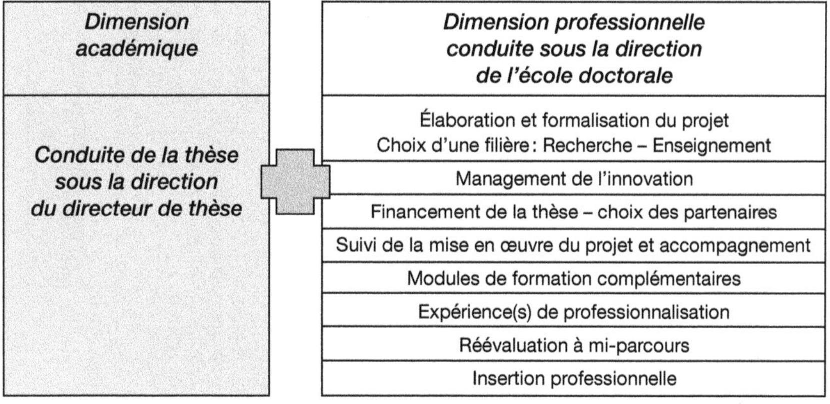

Figure 2.2 – Les deux dimensions du doctorat

Les logiques de professionnalisation et d'insertion professionnelle s'inscrivent dans un continuum débutant en fin du cycle Licence, se structurant en cycle Master et accompagnant le docteur tout au long de son parcours professionnel. Ce qui était le capital précieux et différenciant des doctorants issus des écoles d'ingénieur ou de commerce (10 à 12 % environ des inscrits) va devenir progressivement une réalité pour l'ensemble des diplômés des filières universitaires qui voudront se donner les moyens d'accroître leurs compétences et leur employabilité.

Les transformations en cours au sein des cycles Licence et Master semblent s'orienter dans la bonne direction.

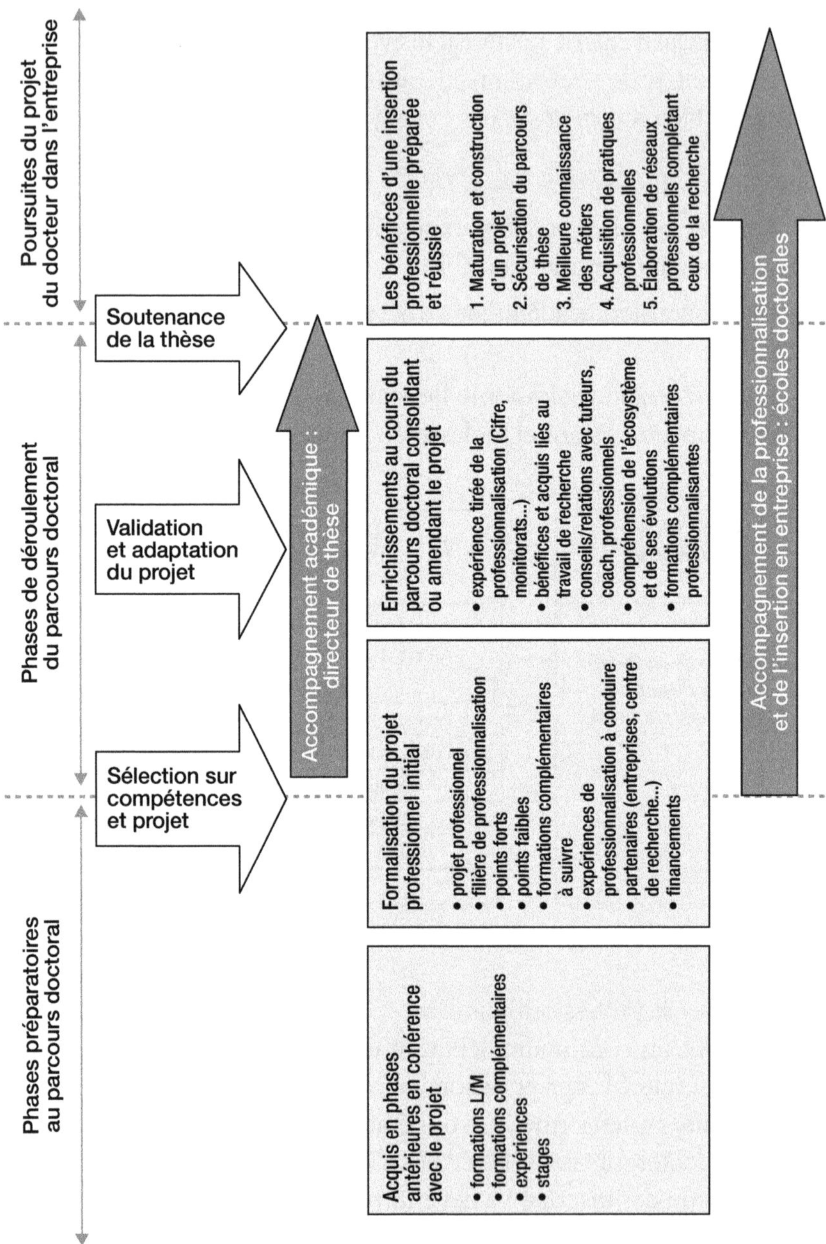

Figure 2.3 – La professionnalisation du parcours doctoral

Une offre de formation spécifique aux doctorants

Une démarche initiée par les écoles doctorales depuis plusieurs années, avec le soutien très actif de l'association Bernard Gregory (ABG) et très appréciée par les doctorants et futurs doctorants s'est progressivement constituée autour de plusieurs modules :

- *les Doctoriales®*, accompagnées par l'ABG et organisées par les écoles doctorales, sont des séminaires résidentiels d'ouverture au monde de l'entreprise et de réflexion sur le projet professionnel. Une vingtaine de Doctoriales ont lieu chaque année, auxquelles participent plus de 1 500 doctorants et 500 entreprises ;
- *le nouveau chapitre de la thèse®* est un programme novateur de valorisation des compétences qui permet aux doctorants d'analyser leur thèse en termes de projet et d'en dégager les compétences professionnelles acquises ; 320 doctorants de 80 écoles doctorales en ont bénéficié en 2007 ;
- *l'auto-évaluation des compétences professionnelles des doctorants®* ;
- *L'AvanThèse®* vise à donner aux étudiants (L3, M1 et M2) une méthodologie et des outils afin de leur permettre de cerner l'intérêt, la spécificité et les débouchés d'une formation par la recherche.

Cette offre continue à s'enrichir et à se déployer par un partenariat associant les écoles doctorales, les représentants du monde de l'entreprise (fédérations professionnelles, observatoires des métiers), l'ABG et les filières de formation initiales et continues. Les écoles doctorales mettent aujourd'hui en place sur cette base des propositions de formations continues professionnelles pour les doctorants qui répondent au premier niveau de besoins générés par la conduite du projet doctoral et l'élaboration du futur projet professionnel.

Une démarche stratégique et volontariste pour les futurs docteurs

Les doctorants s'intéressent de manière croissante aux opportunités offertes par les entreprises, tant en matière de recherche que de management de l'innovation. Ils veulent développer très en amont une réflexion sur leur devenir professionnel et construire, de manière structurée et volontariste, des compétences professionnelles complémentaires qui viendront renforcer leur expérience professionnelle de recherche afin d'être bien préparés à l'exercice de ces métiers. Il apparaît encore que certains doctorants (souvent par manque d'informations) ne participent pas toujours à ces formations continues.

L'engagement dans ces formations sera un indicateur important pour le recruteur sur les capacités d'évolution ultérieure du docteur qu'il s'apprête à recruter. Il est désormais de leur responsabilité, comme il en sera plus tard tout au cours du projet professionnel, de recourir à ce type de formations pour développer, approfondir, diversifier leurs connaissances et leurs compétences, et ceci bien au-delà de leur seul domaine scientifique, car un docteur n'est jamais recruté sur sa seule expertise scientifique.

Des situations encore contrastées

Si aujourd'hui la responsabilité des universités et des écoles doctorales est de proposer une offre diversifiée de formation continue à ses personnels – notamment à leurs jeunes chercheurs –, des disparités subsistent entre les établissements en termes de proposition. Si certains établissements se sont rapidement investis dans la formation, d'autres ont encore des efforts à faire pour étoffer leur panel de formation continue et pour valoriser les débouchés de leurs docteurs auprès des entreprises. Enfin, la faible lisibilité de ces dispositifs au niveau des entreprises reste un handicap majeur pour une juste appréciation des compétences dans la démarche de recrutement et plus largement pour le développement à sa juste mesure de l'emploi des docteurs.

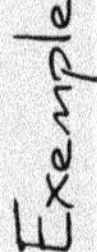

L'université Pierre et Marie Curie (Paris)

L'UPMC regroupe plus de 3 400 doctorants et près de 4 500 chercheurs et enseignants-chercheurs, répartis dans près de 160 laboratoires et 19 écoles doctorales. Chaque année, 700 thèses sont soutenues. L'ambition de l'UPMC est de contribuer au développement de ces futurs docteurs en proposant, au sein de ses programmes doctoraux, une formation scientifique de très haut niveau accompagnée d'une offre diversifiée de formations continues et d'un suivi personnalisé de leur projet professionnel.

Dans cet esprit, l'UPMC demande aux jeunes chercheurs d'élaborer au début de leur doctorat un plan individuel de formations continues en appui à leur projet de recherche et à l'élaboration de leur projet professionnel. Les doctorants se réfèrent à une offre de plus en plus étoffée de formations continues et choisissent celles qui seront le plus utiles à la réalisation de leur projet professionnel. Ils peuvent bien entendu modifier leur plan de formation continue tout au long de leur doctorat en fonction des évolutions de leur projet de recherche et/ou de leur projet professionnel.

En 2008, l'UPMC structure son offre de formations en sept thématiques qui se déclinent en séminaires de sensibilisation puis en ateliers d'approfondissement :
— approfondissement scientifique ;
— ouverture scientifique et enjeux de société ;
— langues et environnements numériques ;
— connaissance des organisations ;
— innovation et valorisation ;
— communication et management ;
— projet professionnel et gestion de carrière.

ParisTech (Paris)

ParisTech regroupe dix grandes écoles d'ingénieurs de la région parisienne et 143 laboratoires de recherche, au sein desquels 2 400 doctorants préparent une thèse et 515 reçoivent chaque année leur diplôme de docteur. Parmi eux, ParisTech a sélectionné des doctorants très motivés par une carrière en entreprise et leur a fait suivre une formation de haut niveau en management, qui a pour objectif de former l'étudiant à :
— comprendre le fonctionnement de l'entreprise dans un cadre mondialisé (microéconomie et international, stratégies d'investissement, politique des ressources humaines) ;
— savoir agir dans une dynamique de projets (coût d'un projet pour l'entreprise, élaboration collective d'un projet, rentabilité d'un projet, moyens de financement) ;
— connaître les techniques fondamentales de marketing (relations commerciales, évaluation d'une demande potentielle, marché, clients, usagers) ;
— savoir participer à une stratégie de communication d'entreprise.

La formation post-doctorale « Ingénierie de projets innovants » (Strasbourg)

La mise en réseau et l'horizontalité du travail entre recherche et entreprise sont à l'origine de la création de la formation post-doctorale « Ingénierie de projets innovants » (IPI) à l'École de management de Strasbourg, la Faculté des Sciences économiques et de gestion de l'université de Strasbourg et l'Insa Strasbourg. Initiée par le Conseil régional d'Alsace, les universités et les grandes écoles d'Alsace en 2005, et lancée en 2006, l'objectif de cette formation unique est de rapprocher le monde de la recherche et celui des entreprises. Destinée à des docteurs scientifiques, elle repose sur le principe d'une alternance entre la formation – entrepreneuriat, marché, gestion de projets innovants – et l'expérience en entreprise au profit de la conduite d'un projet innovant et en bénéficiant de la double compétence recherche et entreprise.

Le cursus se compose de deux phases :

— une phase conceptuelle de quatre mois qui transmet tout le savoir nécessaire en entrepreneuriat, innovation, transfert technologique et gestion de projet innovant afin que les docteurs soient opérationnels dès leur intégration ;

— une phase de projet innovant partagé entre recherche et entreprise d'au moins six mois au cours de laquelle les docteurs IPI mettent en œuvre leurs compétences en innovation et apportent aux entreprises et aux centres de recherche de la main-d'œuvre hautement qualifiée pour le transfert technologique et l'innovation.

Le taux d'insertion professionnelle des docteurs IPI est de 100 %.

Mise en place d'un dispositif de formation professionnalisante et entrepreneuriale

La plate-forme collaborative avec les Pôles de recherche et d'enseignement supérieur (PRES[1]) mise en place par l'ABG va permettre à court terme de constituer un « catalogue partagé de formations professionnalisantes et entrepreneuriales », labellisées. Certaines d'entre elles seront certifiantes et permettront aux futurs doctorants, aux doctorants et aux docteurs de renforcer leur dimension professionnelle par l'acquisition de compétences pratiques permettant d'être opérationnels au plus vite dans le monde de l'entreprise.

Dès le cycle licence – notamment au niveau L3 –, et le master (cycle M du LMD) des filières universitaires, les étudiants commencent à suivre des modules de professionnalisation ou de connaissance de l'entreprise pouvant ouvrir éventuellement sur des certificats professionnels.

Proposée par les universités, les écoles doctorales et l'ABG, l'acquisition – si possible amorcée en amont du parcours doctoral – de modules de professionnalisation, de connaissance de l'entreprise et de développement de l'entrepreneuriat (principes économiques, organisation de l'entreprise, management de la recherche, démarches méthodologiques, propriété intellectuelle et brevets, création d'entreprise, transfert de

---

1. Voir en annexe.

l'innovation, protection de l'information scientifique et du patrimoine économique…) permettrait aux doctorants de mieux anticiper leurs orientations post-doctorales (entreprise, recherche publique, enseignement…) et de préparer leur future insertion professionnelle sans créer de surcharge au cours du projet doctoral.

Ces formations devraient autant que possible privilégier l'e-learning ou des pédagogies mixtes respectant les rythmes et disponibilités individuelles, favorisant l'égalité des chances par la réduction des coûts et réduisant toutes les contraintes associées au présentiel. Elles pourraient constituer un champ d'expérimentation exemplaire pour les méthodes pédagogiques dans le cadre du développement de l'économie numérique et permettre ensuite aux futurs cadres en entreprise de continuer à maintenir et développer leurs compétences et employabilité dans le cadre de la formation continue.

Ces modules peuvent être organisés en cursus pédagogiques cohérents – éventuellement labellisés par métiers/branche – et validés par la remise d'un certificat d'aptitude au management de l'innovation. Ces certificats pourraient être inscrits au Répertoire national des certifications professionnelles (RNCP) ou reconnus conventionnellement par certaines branches professionnelles et valorisés lors des processus de sélection ou d'admission dans certaines filières doctorales. Ils constitueraient pour ces branches des atouts en termes d'attractivité – voire des critères de reconnaissance de certaines formations doctorales.

Les prises en charge de ces formations pourraient selon les contextes être assurées par les universités, les entreprises d'accueil, des fondations d'universités ou d'entreprise… (cette dernière réflexion restant à mener à son terme).

Enfin, ces formations devraient être accompagnées, chaque fois que possible, de la constitution et de l'animation de communautés, notamment par l'utilisation de moyens numériques permettant de poursuivre l'acquisition et le maintien des compétences et connaissances : échanges de bonnes pratiques, mises à jour, remises à niveau, études de cas, forums, événements spécifiques, bibliographies… (cf. plate-forme collaborative de l'ABG).

Ces capacités de formation sont en cours de généralisation et deviennent un véritable passage obligé pour tous les doctorants souhaitant conduire leur projet professionnel au sein de l'entreprise (management de l'innovation et recherche privée) ou en osmose avec elle (recherche publique). La mobilité croissante entre d'une part la recherche publique et la recherche privée, et d'autre part les fonctions de chercheur et d'autres fonctions d'expertises et de management au sein de l'entreprise augmente l'intérêt des doctorants pour ces formations et expériences, ce qui en fait probablement l'axe d'excellence et de référence au sein des études doctorales.

Une logique de gestion prévisionnelle des emplois et des compétences et de flexi-sécurité des parcours professionnels

L'environnement de la recherche et du management de l'innovation tend à devenir un monde flexible, en recomposition au gré des grands défis ou ruptures auxquels la société sera confrontée, des opportunités de carrières, des partenariats (pôles de compétitivité, PRES, coopérations internationales, centres de recherche mixtes…), des projets, des nécessaires respirations et échanges à animer entre la recherche et l'innovation, l'enseignement, la création d'activités ou d'entreprises, les activités connexes au monde de la recherche.

Dès lors, il faut s'attacher dès les premières phases de collaboration entre l'entreprise et le docteur à :

- identifier et réduire toutes les rigidités susceptibles d'être des freins à l'évolution des carrières, à la saisie d'opportunités ou aux adaptations liées aux transformations des enjeux de société ou des priorités dans les investissements en matière de recherche et d'innovation ;

- disposer des informations, repères (à travers la GPEC), outils et services qui permettront au docteur de prendre la meilleure décision en fonction de son parcours, de ses objectifs et du contexte dans lequel il évolue (branche d'activité, métiers, territoire) ;

- favoriser les passerelles, les équivalences, les allers et retours, les mises en situation, la complémentarité des activités de recherche, d'enseignement, de management de l'innovation et de création de valeur favorisant l'adaptabilité et la flexibilité, tout en sécurisant les parcours professionnels ;

- promouvoir une vision prospective partagée mettant en évidence l'évolution progressive des besoins de management de l'innovation, de la recherche et des métiers associés (en régression, en développement, en émergence ou en transformation) afin de pouvoir élaborer des dispositifs appropriés de gestion des ressources humaines et permettre à chaque acteur de prendre ses décisions de carrière ou de gestion de ses collaborateurs en connaissance de cause.

Dans cet esprit, il serait souhaitable de pouvoir mettre à disposition du futur doctorant, du doctorant et du docteur, tout au long de leur vie professionnelle, une gamme d'informations et de services accessibles à partir d'un environnement numérique. Cela permettrait la gestion de projets professionnels personnalisables dans le cadre d'une architecture ouverte.

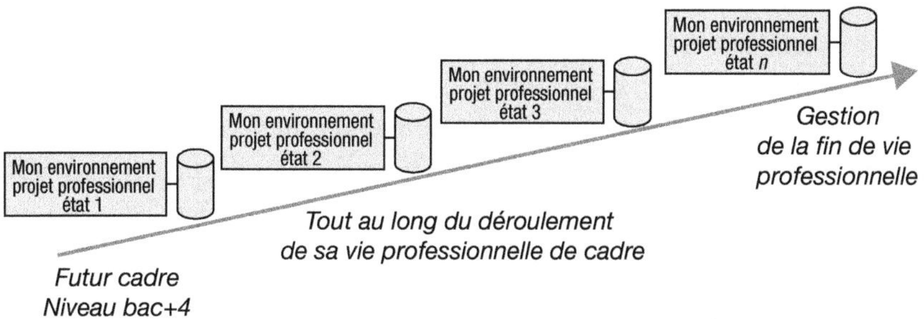

Figure 2.4 – La gestion du projet professionnel tout au long de la vie

1.10. Savoir piloter un projet complexe dans la durée

Un projet de recherche, même quand il est porté par un seul doctorant, implique le management de plusieurs compétences notamment disciplinaires, de ressources (matériel d'expérimentation, outils informatiques, documentation…), de méthodes, d'un budget, de délais exprimés sous forme de calendrier et d'étapes, de livrables correspondants à un certain niveau de qualité pour rendre le projet de recherche «apte à être réceptionné» dans le respect des objectifs ou du cahier des charges.

En termes de conduite de projet, le jeune chercheur va acquérir pendant son projet doctoral une expérience analogue à celle d'un ingénieur mis dans la situation de conduire un projet de développement ou intégration informatique, ou de conduire un petit projet de développement chez un ingénieriste ou un motoriste. Il est intéressant de noter que la durée du doctorat (trois ans) est du même ordre que celle du déroulement des projets en entreprise, et que peu de jeunes cadres, ingénieurs ou diplômés d'une école de commerce bénéficient dans les trois ou quatre premières années de leur vie professionnelle d'une expérience de conduite de projet équivalente.

Au-delà des spécificités propres à chaque métier et secteur d'activité, le développement d'une carrière professionnelle se construit autour de deux axes :

- la capacité à conduire un projet ;
- le management et l'expertise.

Le jeune docteur dispose d'une première expérience réussie (puisqu'il a obtenu son titre dans des conditions de très forte exigence d'excellence) à la fois d'une conduite de projet et d'une expertise dans son domaine (ou tout au moins sur le périmètre de son projet de recherche). Gérer, manager, organiser, structurer, faire converger, motiver, analyser, piloter, résoudre des difficultés, tenir des objectifs et des délais, argumenter, défendre un dossier, un point de vue, une position, négocier... tel est le quotidien du jeune chercheur. La majorité des jeunes docteurs sont donc à même de revendiquer une véritable expérience professionnelle en tant que chef de projet.

> *Témoignage*
>
> « Ce qui me sert le plus est la conduite d'un projet propre (le projet de recherche), aussi bien à court terme avec les publications, les analyses, les développements, les présentations ou les comptes rendus d'avancement, à moyen terme pour faire avancer chacune des pistes de travail, qu'à long terme sur trois ans pour arriver à l'échéance avec un projet fini. C'est de cette aptitude à faire le compromis entre l'avancement au jour le jour et l'objectif à long terme que je me sers aujourd'hui. »
>
> **M.L., docteur en informatique, chef de projet informatique.**

Afin de pouvoir conduire au succès son projet de recherche et de défendre ses idées, le docteur doit faire preuve de dynamisme et de persévérance, d'autonomie, d'esprit d'initiative et de décision, de lucidité, de charisme et d'ambition. Il doit avoir appris à gérer un projet en respectant les coûts et les délais, quel que soit le projet de recherche. L'expérience accumulée lors de ses années de doctorat lui a aussi permis de prendre conscience de ses aptitudes pour le management et de démontrer ses qualités humaines, en particulier pour le travail d'équipe et l'encadrement.

Les aptitudes et les capacités à manager et à conduire un projet constituent, peut-être davantage que l'expertise qui peut toujours se construire avec le temps, une ressource rare pour l'entreprise. Celles-ci prennent toutes leur valeur quand elles peuvent être associées à d'autres caractéristiques comme la ténacité, la lucidité ou le courage qui sont les marques de fabrique de la majorité des jeunes chercheurs.

1.11. Produire des synthèses et rédiger des argumentaires de qualité

Il peut sembler provocateur de considérer que l'une des capacités majeures des docteurs est l'esprit de synthèse et les qualités rédactionnelles ! C'est pourtant ce qui leur permet de construire des dossiers et des argumentaires pertinents et bien rédigés.

La rédaction d'une thèse est en effet dépendante de ces capacités. Sans synthèse, on ne pourra pas suivre le cheminement rigoureux qui a structuré la réflexion et le cheminement d'hypothèses de départ à une proposition de conclusion lorsque la thèse sera soutenue. Sans maîtrise de l'argumentaire, le doctorant ne pourra convaincre et emporter l'adhésion lors de la soutenance. Sans qualités rédactionnelles, synthèse et argumentaire ne peuvent pleinement s'exprimer.

> *Témoignage*
>
> « Il est très intéressant d'avoir fait un travail totalement différent de celui qui est actuellement le mien. D'une part cela m'apporte un certain recul, et d'autre part mon travail actuel me demande une grande autonomie et des capacités rédactionnelles qui sont des aspects que l'on travaille pas mal en thèse. »
>
> **M.-P. Q., docteur en informatique, ingénieur méthodes et outils pour l'informatique embarquée.**

De nombreuses formations – notamment scientifiques – ont parfois oublié de travailler cette dimension. Le meilleur projet du monde doit d'abord être présenté, argumenté et vendu pour espérer être un jour mis en œuvre.

2. Six attitudes et savoir-faire au service de l'innovation et de la performance

2.1. Accepter le champ mondial comme périmètre d'investigation et de compétition

En matière de recherche, et ce dès la première expérience que constitue le doctorat, le terrain de jeu est d'emblée mondial et dominé par une compétition impitoyable entre des équipes de recherche de très haut niveau, dotées parfois de moyens parfois colossaux qui se marquent en permanence à travers leurs partenariats, leurs échanges, leurs publications et les multiples occasions (colloques, séminaires, événements scientifiques, salons professionnels...) qui favorisent la communication et l'information.

Le premier apprentissage que réalise le jeune doctorant est donc celui de la compétition mondiale, où il doit détecter les meilleures publications... pour essayer de les dépasser. Cet environnement hypercompétitif forme une démarche de long terme indispensable aux entreprises.

Filières académiques, centres de recherche publics et privés, entreprises multinationales comme Google, Microsoft, Sanofi-Aventis, Saint-Gobain, Total ou PME et start-up très innovantes et très agiles rivalisent d'énergie, d'investissement et de créativité pour aboutir les premiers, imposer leurs travaux, protéger leurs inventions, solutions techniques, méthodes, marques, dessins ou modèles industriels par des brevets, puis en tirer tout le bénéfice en mettant au plus vite des produits, services, procédés sur le marché afin de profiter de l'exclusivité et/ou de l'avantage compétitif obtenu temporairement par l'entreprise ou l'organisation concernée.

Environnement multidisciplinaire guidé par l'excellence, métissage des cultures et des approches, fonctionnement en réseau, plates-formes collaboratives, partenariats, multilinguisme avec l'omniprésence de l'anglais, véritable langage véhiculaire de la recherche et des affaires, telles sont les caractéristiques majeures de cette « coopétition » qui voit coopérer et s'affronter les meilleurs mondiaux dans chaque discipline et sur chaque thématique.

Aucun champ disciplinaire ou thématique n'échappe à cette dynamique mondiale. Portée par la mondialisation de l'économie et des connaissances, cette compétition se caractérise par une recomposition permanente des acteurs, avec notamment une présence croissante des équipes des pays dits émergents (Brésil, Chine, Inde…), de nouveaux pays compétiteurs (Afrique du Sud, Argentine…) ou de la Russie, qui fait un retour remarqué en bénéficiant de puissantes ressources de financement.

La Chine, par exemple, dépasse désormais le Japon par le nombre global des communications scientifiques. Dans certains domaines, comme la science des matériaux et les nanotechnologies, elle se situe dans le peloton de tête, tant par le nombre que par la qualité des publications, même si elle est encore loin derrière pour les indicateurs d'impact des citations.

Les grands défis et enjeux de société (économies d'énergie et des ressources primaires, réchauffement climatique, respect de l'environnement, infrastructures critiques de transport ou d'information, espace, urbanisation, autosuffisance et qualité alimentaire, santé, éducation, vieillissement des populations…) ouvrent de nouveaux champs de conquête et d'investigation, mobilisent des ressources considérables et aiguisent les appétits. Comme soumis à un fantastique champ magnétique, des lignes de force structurent la recomposition des équipes de recherche autour de ces nouvelles thématiques extrêmement porteuses avec des pôles de taille mondiale, tel celui en déploiement en Californie autour du développement durable qui espère renouveler le succès obtenu dans l'informatique il y a trente ans.

Nos entreprises ne peuvent pas rester à la marge de ces lignes de force et de ces pôles d'expertise en développement et en émergence.

L'accroissement des financements publics à la recherche, le développement des pôles de compétitivité et la transformation de nos structures académiques et de recherche constituent d'excellentes initiatives. Nécessaires, elles ne seront pas suffisantes si davantage d'entreprises françaises (petites et grandes) n'acceptent pas le champ mondial comme périmètre d'investigation et de compétition, et n'intègrent pas en quantité suffisante des compétences doctorales aptes à relever cette compétition. Ces compétences que le monde nous envie et cherche à séduire, sont disponibles et immédiatement opérationnelles.

Ne retardons pas le moment de pouvoir lutter à armes égales avec les compétences doctorales que mobilisent tous nos concurrents.

2.2. Savoir se confronter aux meilleurs

Une exigence de confrontation et d'excellence

Jean-Marc Monteil, à l'époque directeur général de l'enseignement supérieur, et aujourd'hui conseiller auprès du Premier ministre, indiquait lors d'une assemblée générale de l'ABG que l'un des éléments qui lui paraissait déterminant dans les compétences des docteurs est « cette capacité à synthétiser et à communiquer un ensemble de données extrêmement complexes pour que la communauté scientifique puisse y accéder… Dans le cas des publications, la révision et la critique ne visent pas à entamer l'estime de soi du chercheur, mais à l'amener à mieux exposer ses résultats, dans l'intérêt même de leur crédibilité et, *in fine*, du progrès scientifique. »

Dans cette confrontation permanente d'idées, de résultats et de méthodes, le doctorant est soumis dans le champ de sa recherche à l'évaluation et à la critique des meilleurs experts de son domaine.

Certes, ces confrontations n'atteignent pas toutes le paroxysme de la compétition qui avait vu s'affronter – y compris sur le plan judiciaire – les équipes de biologistes des professeurs Montagnier (France) et Gallo (États-Unis) lors de la découverte du virus du sida à quelques mois d'écart, en 1983 et 1984. Mais si elles n'ont pas cette ampleur et cette dimension médiatique, toutes les recherches sont soumises à l'évaluation et à la critique des meilleures compétences de la discipline ou du champ pluridisciplinaire, dès l'expression des premières hypothèses et des premiers résultats, lors de la publication des premières communications scientifiques, et bien évidemment lors de la soutenance de la thèse.

Cette évaluation critique est conduite par plusieurs niveaux concentriques :

- au plus proche, le directeur de recherche et les experts du laboratoire où est conduit le doctorat ainsi que les partenaires directement associés (autres laboratoires, entreprises – notamment dans le cadre d'une Cifre où l'entreprise porteuse de la convention est naturellement en première ligne) ;

- le « reste du monde », car les outils de communication en réseaux mettent immédiatement en relation toutes les équipes qui travaillent sur un même sujet ou des champs similaires. Elles sont en compétition directe ou en co-contribution, certaines hypothèses ou résultats pouvant faire progresser très directement une recherche sur le même, ou un autre, sujet à des milliers de kilomètres de distance (validation, infirmation ou mise à disposition d'hypothèses, de scénarii, d'expérimentations, de résultats, de méthodes, d'outillages, de données statistiques…).

Cette évaluation critique est, en général, particulièrement rigoureuse parce qu'elle va porter sur l'ensemble du processus scientifique : hypothèses, méthodes, protocoles, conditions et résultats de chaque expérimentation, validations intermédiaires, techniques de prélèvement, d'échantillonnage, de culture, de test, origine des échantillons, nature des outillages, des matériaux, raisonnement scientifique, documentation, interprétations et conclusions.

Cette exigence de confrontation et d'excellence, qui se manifeste jusqu'à la phase ultime de soutenance de la thèse structure l'attitude du docteur pour tout son parcours professionnel futur.

Elle conforte une crédibilité et une légitimité dont pourra tirer directement profit l'entreprise lorsqu'il s'agira, d'une part, pour développer la compétence technologique de l'entreprise, d'accéder à d'autres travaux de recherche, de nouer des partenariats avec des filières académiques ou de recherche ou d'autres entreprises, d'élaborer des dossiers de financement auprès des instances françaises ou européennes et d'attirer en son sein de nouvelles compétences ou de nouveaux talents, et d'autre part, pour développer l'entreprise en général, de disposer de l'approche « intellectuellement neutre » indispensable par rapport aux problématiques rencontrées.

2.3. Construire, maintenir et animer des réseaux de compétences multidisciplinaires

De nombreuses études ont montré l'importance de la contribution des filières académiques et des laboratoires au développement et à la compétitivité des entreprises.

Il existe de nombreux exemples de politiques très volontaristes de pôles associant entreprises, universités et laboratoires de recherche, comme en Finlande autour du pôle téléphonie avec Nokia, en Corée autour des grands pôles que constituent les chaebols coréens en électronique (Samsung, LG, Hynix Semiconductor...), dans la construction navale (STX Shipbuilding...), dans l'automobile (Daewo Motors, Hyundai, SsangYong...) ou en Chine.

La constitution des pôles est parfois plus « biologique », mais pas moins intense et efficace, comme en Inde ou en Californie où, après avoir fait de la Silicon Valley le cœur de la révolution informatique, on se lance dans la révolution verte des économies d'énergies et du développement durable avec une constellation d'activités associant grands groupes, entreprises innovantes, fonds d'investissement autour des laboratoires et filières académiques des universités prestigieuses que sont Berkeley, Caltech, Stanford, UCLA...

Nous pouvons déjà rêver aux applications pratiques et à la création de valeur économique que peuvent représenter dans la lutte contre le réchauffement climatique les retombées de la mise au point par une équipe de chercheurs de l'UCLA (Los Angeles) d'un cristal capable de retenir de manière sélective les molécules de CO_2.

Ces réseaux de compétences se déclinent dans de multiples domaines qui nécessitent de mobiliser esprit d'innovation, intelligence, capitaux et compétences marketing et industrielles, comme la biotechnologie (pôle Genentech à San Francisco, projet Folding@Home de Stanford de calcul distribué à l'échelle mondiale de recherche sur le repliement des protéines...), l'espace (collaboration Caltech/Nasa sur la propulsion, Alen Telescope Array/Berkeley...), les biocarburants (création du Energy Bioscience Institute par Berkeley et BP qui a investi plus de 500 millions de dollars dans cette opération...) ou encore la robotique (partenariat Stanford/DARPA avec notamment la course DARPA Grand Challenge de véhicules automatiques dans le désert du Nevada...).

La France et l'Europe se sont engagées à développer une économie de la connaissance puissante (processus de Lisbonne, de Bologne...) en favorisant notamment la constitution de grands programmes, de grands pôles d'expertise, la coopération entre les universités et les entreprises en matière de recherche, l'excellence académique ou encore la mobilité des chercheurs.

Les pôles de compétitivité français

Les pôles de compétitivité français s'inscrivent parfaitement dans cette logique.

Ils se donnent pour objectif de rassembler sur un territoire donné, des entreprises, des laboratoires de recherche et des établissements de formation pour développer des synergies et des coopérations. L'enjeu est de s'appuyer sur des synergies et des projets collaboratifs et innovants pour permettre aux entreprises impliquées de prendre une position de premier plan dans leurs domaines, en France et à l'international.

Les premières évaluations de ce jeune dispositif sont très encourageantes.

Exemple

Des pôles français comme System@tic et Aerospace Valley collaborent étroitement avec le pôle allemand Safe Trans pour le développement d'une plate-forme technologique européenne de systèmes embarqués dont des réussites, comme le cargo spatial ATV, démontrent dès aujourd'hui tout le potentiel.
Le réaménagement du plateau de Saclay qui concentre un certain nombre de nos pôles d'excellence en matière d'enseignement et de recherche (centres de recherches du CEA, de Danone, de l'Onera, École polytechnique, École supérieure d'optique, HEC, Supelec, université Paris 11-Orsay…) ou les réussites que constituent les campus de recherche mixtes comme celui de l'École polytechnique/Thalès dans les systèmes complexes s'inscrivent dans la même logique de recherche d'excellence et d'une taille critique.

Pour autant, toutes ces initiatives et ces infrastructures ne produiront tous leurs effets en termes d'innovation et de création de valeur que si les entreprises disposent ou embauchent des compétences :

- à même de s'inscrire dans cette capillarité d'échanges et de partenariats ;
- à même d'être reconnues comme des interlocuteurs crédibles, légitimes et contributifs ;
- à même de créer, de construire, de maintenir et d'animer ces réseaux de compétences généralement multidisciplinaires.

Par leur formation, leurs expériences et qualités, ainsi que par les réseaux qu'ils se sont constitués, les docteurs et doctorants sont particulièrement qualifiés pour constituer les interfaces et les animateurs de ces réseaux.

Outre les apports essentiels que constituent une veille de qualité à coûts réduits, des échanges permanents et récurrents d'informations, des partenariats équilibrés et productifs, et l'identification en amont d'opportunités de nouveaux produits, services ou procédés qui sont déterminants pour pouvoir anticiper et bénéficier d'un avantage concurrentiel, l'existence de ces réseaux permet de constituer pour l'entreprise un vivier de compétences pour son propre recrutement ou pour des partenariats futurs.

Les docteurs et doctorants ont vocation à être, tout naturellement, à la fois les « campus managers » et les « gérants de portefeuille » de ces futures collaborations.

2.4. Développer une capacité d'écoute et de dialogue

Écouter est l'une des qualités indispensables pour un manager de l'innovation ou un chercheur dans le milieu concurrentiel actuel. Au-delà du bruit ou des discours convenus, il faut écouter, percevoir et comprendre le message exact ou les signaux faibles pour être en mesure de conduire les bonnes analyses et prendre les décisions qui s'imposent dans un environnement complexe en perpétuelle transformation.

« Écouter, c'est pourtant tout ce qu'il y a de mieux pour bien entendre. »
Beaumarchais

Développer une capacité d'écoute c'est une attitude, un peu de technique et beaucoup de pratique au quotidien, en s'appliquant à observer quelques règles de base, que l'on soit en échange direct ou à distance :

- être capable de se taire ;
- savoir rester neutre en faisant abstraction de ses propres opinions et préférences, et en se débarrassant de tout préjugé préalable ;
- se centrer sur ce que l'autre dit en ne cherchant pas à commenter les réponses et en invitant l'interlocuteur à préciser et à développer ;
- procéder au questionnement étapes par étapes en s'adaptant au rythme de l'interlocuteur ;
- être attentif aux signaux faibles ;
- être attentif aux attitudes et expressions de l'interlocuteur, qui peuvent être plus révélatrices que son discours ;
- utiliser la reformulation et les questions ouvertes.

Une écoute active est une source de leadership : elle permet au manager, à l'expert ou au chercheur, tous managers de l'innovation, d'être en phase avec son environnement, d'en tirer toute la substance et de motiver tous les acteurs en relation avec son projet.

Décoder l'environnement dans lequel évoluent l'entreprise et le projet

L'entreprise et le projet sont insérés dans un environnement composé de nombreux intervenants : fournisseurs, clients, partenaires, associés, équipe, concurrents… Chacun a ses propres objectifs, ses propres motivations. Les agents qui composent l'environnement de l'entreprise forment un système. Décoder les agents de ce système (besoins, motivations, intérêts…) doit être une préoccupation majeure pour le manager de l'innovation. Cela consiste à écouter toutes les informations qu'envoie cet environnement et à comprendre comment les différents agents s'articulent les uns avec les autres.

> « Je me mis enfin à réfléchir, c'est-à-dire à écouter plus fort. »
>
> Samuel Beckett

L'information obtenue accroît ainsi considérablement la capacité du manager de l'innovation à augmenter la profondeur de son champ de vision sur l'avenir et ses opportunités, à évoluer dans un contexte complexe et incertain, à maîtriser les risques en prévenant les erreurs et échecs, à tirer parti des opportunités avec le maximum d'anticipation et de réactivité.

Donner une large possibilité de s'exprimer et de dialoguer

L'information n'est que partiellement fiable. Elle peut se révéler incomplète, et souvent conditionnée. Son interprétation et les conséquences à en tirer pour la décision et l'action nécessitent généralement des grilles d'analyses et des points de vue différents pour en percevoir toutes les dimensions.

L'intelligence collective, outre sa richesse, est un facteur de cohésion, de reconnaissance et de motivation dans une équipe projet qui peut associer des partenaires dont la vision, les préoccupations et les intérêts peuvent être légèrement différents de ceux de l'entreprise.

Liberté d'expression, écoute et dialogue diminuent ce qu'on appelle les freins au changement en régulant l'anxiété et la peur du changement et de la remise en cause. Ils réduisent les conséquences de l'échec qui est une composante potentielle de toute démarche d'innovation, de transformation ou de recherche : remise en cause d'une hypothèse, échec d'une expérimentation, résultats non conformes aux attentes, difficultés de mise en œuvre d'un partenariat… Ils permettent de réguler dans le temps l'effort à produire et d'optimiser l'énergie et les ressources disponibles.

Aider son équipe à se réaliser

Liberté d'expression, écoute et dialogue permettent d'identifier les attentes ou contraintes personnelles et d'aider l'équipe à se réaliser individuellement et collectivement. Dans un projet complexe et difficile, plus les contraintes ont été fortes, plus il devient impératif de sortir le projet par le haut en faisant gagner l'ensemble de l'équipe.

Le projet, quel qu'il soit (recherche, développement, lancement, logistique, client…), est le lieu privilégié de la formation et de l'acquisition des compétences (savoir-faire et savoir être) qui permet de faire grandir les collaborateurs et de construire les ressources dont aura besoin demain l'entreprise pour continuer à se développer. Cet accompagnement et cette construction ne peuvent se réaliser que dans l'écoute et le dialogue qui donne du sens, de la cohésion et de l'efficacité aux efforts individuels et collectifs.

Le docteur, par et pour son expérience de recherche, a dû cultiver sa capacité d'écoute (pas de recherche sans écoute) et de dialogue (pas de recherche sans confrontation des idées à la critique et à l'enrichissement de l'autre). Ce savoir-faire méthodologique et ce savoir être sont des apports précieux au sein de l'entreprise à d'autres profils de formations qui pourraient parfois trop privilégier l'argumentaire ou la reproduction.

2.5. Être pugnace et tenace pour atteindre ses objectifs

Il faut tordre le coup aux fausses représentations et notamment récuser l'idée que la formation doctorale serait un « cocooning » permettant à des jeunes de rester à l'abri dans leurs universités ou laboratoires en fuyant la réalité et les contraintes de la vie professionnelle. La réalité est toute différente. La conduite d'un parcours doctoral est, par nature, une expérience professionnelle à l'antithèse d'un long fleuve tranquille ou d'un assistanat.

Le doctorant est l'entrepreneur de son doctorat

Une pugnacité de tous les instants, associée à une ténacité dans la durée sont indispensables au doctorant pour l'atteinte de ses objectifs.

Trouver un laboratoire et une école doctorale, postuler et/ou contribuer à la construction d'un projet de recherche doctorale, mettre en place un plan de financement (contenant le salaire du doctorant), découper le projet en phases, piloter par horizons et objectifs, évaluer en permanence l'état d'avancement et les risques, remettre en cause ou modifier ses hypothèses de départ, construire et éprouver sa démarche de réflexion et d'expérimentation… Le parcours doctoral ressort d'une sorte de processus de création d'entreprise et d'entrepreneuriat nourri par de la méthode et de la rigueur scientifique.

Bénéficiant d'un encadrement souple privilégiant la validation de phases, de méthodes et de résultats, le doctorant apprend au quotidien à être autonome dans l'organisation de son travail, dans l'exécution des différentes tâches liées à son projet de recherche, dans la gestion de ses partenariats et coopérations, dans la mobilisation des ressources qui sont nécessaires à la conduite de son projet, et ce, sur une durée significative de trois à quatre ans.

Le doctorant est confronté à des difficultés dont la résolution repose au premier chef sur sa créativité, ses compétences propres et son sens de l'organisation. Il lui appartient de rechercher les éléments faisant défaut et de corriger toutes défaillances ou manques pouvant influer sur le déroulement de son projet de recherche. Cela suppose lucidité et anticipation au regard d'un processus qui se caractérise par une grande concentration et un fort engagement. Cette démarche n'a donc rien à voir avec les conditions d'un projet de stage de quelques mois en entreprise, quelles que soient par ailleurs les exigences de celui-ci.

«Après des années au sein de l'association Planète Sciences, mouvement d'éducation populaire destiné à faire découvrir et aimer la science au plus grand nombre, j'ai rejoint l'un des tout premiers cabinets d'actuariat français, créé l'activité actuariat d'un grand cabinet d'organisation et finalement créé ma propre société de conseil.»

R. A.-M., docteur en mathématiques.

Savoir se remettre en cause

S'agissant d'un projet original de recherche, l'activité du doctorant est confrontée à l'incertitude. La recherche est par définition un parcours plein d'aléas et d'imprévus, que le doctorant va apprendre d'une part à détecter le plus en amont possible, et d'autre part à maîtriser, en exploitant des voies alternatives modifiant parfois de manière significative ses hypothèses initiales. Loin de lui faire baisser les bras, ces aléas sont autant d'opportunités de questionnements et de sources d'innovation.

Il lui appartient de valider, phase par phase, la pertinence de ses hypothèses de départ, des travaux intermédiaires et des méthodes qu'il utilise afin de vérifier que son projet de recherche est cohérent, qu'il peut aboutir à des résultats concluants – et qui ne sont pas définis puisque, pour partie, objets de la recherche. Le doctorant doit accepter de se remettre en cause totalement et à tout moment, malgré le poids des investissements déjà consentis, si ceux-ci ne garantissent plus la possibilité d'atteindre les objectifs du projet de recherche.

Cette remise en cause relève de l'analyse qu'il porte – avec ses référents – sur sa démarche de recherche et de la confrontation avec les autres équipes travaillant sur des projets connexes. Cette attitude, fondamentale dans une activité de recherche, est essentielle dans toute démarche d'entreprise où l'on se doit à la fois d'être tenace dans la mise en œuvre, et d'avoir le courage d'interrompre ou de modifier une démarche, quel que soit l'investissement déjà consenti.

2.6. Être curieux et mobile dans ses axes d'analyse

L'entreprise peut-elle s'adapter aux changements de son environnement et se projeter dans l'avenir sans curiosité ? Pour quelle raison les entreprises les plus innovantes et performantes investissent-elles dans des systèmes d'intelligence économique ou dans la collecte de rapports d'étonnement ? Pour autant, la curiosité est-elle une attitude aussi largement partagée par tous les managers ou experts de l'entreprise ? La curiosité doit-elle être entretenue et managée au même titre que l'innovation ou la qualité ? Peut-on décider et piloter si l'on n'est pas curieux ? Enfin peut-on imaginer chercher, et surtout trouver, si l'on n'est pas curieux ? Ces quelques questions apportent naturellement leurs réponses.

> « La science consiste à passer d'un étonnement à l'autre. »
>
> Aristote

La curiosité, c'est tout d'abord une attitude – voire même une condition – d'ouverture aux savoirs et à la connaissance. Il appartient de saisir toutes occasions d'aiguiser sa curiosité intellectuelle et de renforcer son esprit critique afin de pouvoir favoriser l'émergence de nouvelles solutions, de nouvelles opportunités, de nouvelles approches et méthodes permettant à l'entreprise, de manière optimale et sécurisée, de se renforcer, d'enrichir son patrimoine et ses champs d'activité, de gérer plus vite son adaptation et sa transformation.

La curiosité, c'est aller à la découverte d'autrui et du monde, de leur complexité et de leur diversité ; c'est accepter de se comparer et de se mesurer (« Benchmarker c'est la santé », selon le Medef !) ; c'est aussi développer son sens du respect de l'autre (clients, partenaires, fournisseurs, sous-traitants mais aussi concurrents), aviver sa conscience et sa responsabilité sociale, s'ouvrir sur le monde qui est devenu désormais notre terrain de jeu et d'action. La curiosité, enfin, c'est adapter son logiciel en reconfigurant ses axes d'analyse.

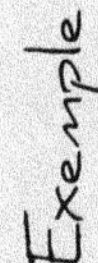

> Par exemple, dans le domaine de la sécurité, voir le monde avec la même grille d'analyse, avant ou après la chute du mur de Berlin, est assurément ne pas percevoir que des choses majeures ont changé, du choix des systèmes d'armements aux doctrines de défense, jusqu'à certaines conséquences dans notre vie quotidienne.

Pour autant, cette curiosité et cette reconfiguration des axes d'analyse doivent s'inscrire dans une démarche de mise en œuvre rigoureuse et méthodique. Il ne s'agit pas, au moindre vent nouveau ou signal faible, de procéder brutalement à des remises en cause de ses choix initiaux alors que les indices d'alerte demandent encore à être confirmés, analysés, associés à des analyses d'impact sur les axes stratégiques ou les plans d'action en cours (projets de recherche, plans d'investissements, lancements de produits/services, adaptation de l'outil industriel, commercial ou logistique, repositionnement d'activités ou de marchés, adaptations des effectifs…).

En toute hypothèse, il importe de travailler par horizons en prenant en compte notamment la nature des impacts sur les activités et les investissements, l'inertie du système et les engagements et diverses contraintes de l'écosystème dans lequel évolue l'entreprise.

Au niveau plus élémentaire d'un projet de recherche, quels que soient sa taille et son objet, le chercheur – y compris le jeune chercheur qu'est le doctorant – est contraint de procéder de manière analogue. Cette expérience à laquelle est nécessairement confronté le chercheur quand ses hypothèses initiales semblent devoir être remises en cause, soit par sa propre démarche d'expérimentation, soit par les résultats provenant d'autres équipes de recherche partenaires ou concurrentes, prépare parfaitement à ce management moderne qu'est le management de et par l'innovation.

CHAPITRE 3

Dénicher les meilleurs profils, réussir leur intégration : les bonnes pratiques

Les compétences telles que celles portées par les docteurs sont devenues des ressources rares que se disputent les différents secteurs d'activités économiques au niveau mondial.

Comment faire pour contacter et séduire «l'oiseau rare» en mobilisant le minimum de ressources et en réduisant le risque de se tromper sur le potentiel du candidat?

1. Une démarche personnalisée pour une compétence spécifique

1.1. Appliquer au docteur toutes les bonnes pratiques relatives au recrutement d'un cadre

Avant toute chose, comme lors de tout recrutement de cadre, il faut prendre conscience des spécificités de la ressource que l'on recherche, définir le profil du poste à pourvoir et établir les caractéristiques attendues du candidat (compétences, expérience, connaissances particulières, traits de caractère…) en veillant à identifier les points qui semblent essentiels ou rédhibitoires à une collaboration réussie.

Le cas général de l'embauche des jeunes diplômés bac + 5

Les grandes entreprises, qui recrutent parfois au cours d'une année plusieurs centaines de jeunes cadres relevant de caractéristiques analogues, ont généralement mis en place des procédures relativement normalisées adossées à des relations privilégiées avec des filières cibles (niveaux L ou M de l'enseignement supérieur), à des politiques de stages (notamment de fin d'études), à l'utilisation massive des nouvelles technologies de l'information (Internet, moteurs de recherche comme ceux de l'Apec, Cadres Online, Monster…, réseaux sociaux comme LinkedIn ou Viadeo, mondes virtuels comme Second Life), à des forums et salons qui se déclinent par formation (comme les Forums ingénieurs de l'Apec ou le forum sur l'emploi des docteurs organisé par l'ABG et la Ville de Paris), par secteur d'activité (comme les Jeudis de l'informatique, le salon Distribution de l'Apec ou le salon des métiers du BTP) ou par métiers (comme le Carrefour des carrières commerciales, Job salon Banque Finance Assurance).

Compte tenu des volumes, une présélection s'opère sur des critères formels (niveau de formation, écoles, options…). Le recrutement final est très souvent effectué par les directions opérationnelles à la suite de deux ou trois entretiens, avec un éventuel soutien de la DRH et la mise en œuvre parfois de quelques tests psychologiques. Les recrutements et parfois l'insertion s'effectuent souvent par promotion. Les caractéristiques des postes offerts aux jeunes diplômés bac + 5 sont généralement au départ des postes d'exécution de haut niveau (développement d'applications informatiques par exemple) qui constituent un sas de quelques mois ou quelques années préparant à des fonctions de management (direction d'agence, d'équipes projet) ou d'expertise (consultant, architecte, ingénieurs confirmés…).

Le candidat disposant des prérequis de formation et dont la personnalité est compatible avec le poste et la culture de l'entreprise accède à un vivier dans lequel il construira progressivement, avec sa hiérarchie, son parcours professionnel. L'individualisation est, dans ces processus massifiés, en grande partie postérieure à l'entrée du jeune diplômé dans l'entreprise. L'expérience professionnelle, acquise notamment lors des stages, sert principalement à réduire le risque du recruteur et à ajuster le salaire d'embauche qui est, en général, largement encadré par des fourchettes de référence par grandes catégories de diplômes.

Les docteurs n'ont pas toujours l'habitude de mentionner sur leur CV leurs compétences et leurs expériences comme des bénéfices pouvant amener l'entreprise à distinguer et à privilégier leur candidature par rapport à d'autres plus standardisées. Il est de l'intérêt du recruteur de veiller à saisir toutes opportunités de recruter des talents contributifs au développement et à la prospérité de l'entreprise, même si ceux-ci sont légèrement « décalés » par rapport au cahier des charges initial.

Il est cependant nécessaire de rappeler au candidat docteur postulant à des emplois directement en concurrence avec des formations bac + 5 qu'ils devront en tirer toutes les conséquences dans leur démarche de recherche d'emploi pour « accrocher » au mieux (CV, entretien, insertion) les attentes et les critères exprimés par les entreprises, sans pour autant vivre ce fonctionnement du marché comme un reniement ou une déqualification. Il faut rappeler aux candidats que, dans l'entreprise, les capacités apportées par le docteur qui ne sont pas immédiatement valorisées en termes de niveau de rémunération d'embauche seront largement prises en compte ensuite lors du déroulement de carrière pour les candidats de valeur.

En ce qui concerne le recrutement de cadres expérimentés, de jeunes diplômés en PME/PMI ou, plus généralement, de compétences rares ou atypiques dans l'entreprise, le parcours de recrutement est, de fait, largement individualisé et ne ressort pas des logiques d'industrialisation du recrutement évoquées précédemment. L'entreprise est contrainte, davantage encore, à s'assurer de la bonne adéquation du profil du candidat au poste car il y a, en général, malgré la souplesse de ces petites structures, moins de possibilités en pratique de réajuster la décision d'embauche ou de réaffecter le candidat sur d'autres postes en cas de mauvaise appréciation.

En ce qui concerne les grands principes de recrutement, il faut remarquer que le recrutement d'un docteur, cadre déjà expérimenté, ne se distingue pas foncièrement de celui de tous autres cadres expérimentés non-docteurs, l'entreprise se concentrant essentiellement sur les compétences, l'expérience et le potentiel, le diplôme d'origine n'étant pris en compte que dans un deuxième temps.

1.2. La situation spécifique des jeunes docteurs

Les attentes des entreprises envers les candidats recherchés et les caractéristiques de ces jeunes diplômés docteurs créent un marché de l'emploi qui, sur de nombreux aspects, ne peut être assimilé à celui des jeunes diplômés bac + 5 (grandes écoles et filières universitaires) car il se comporte davantage comme le marché de l'emploi des cadres expérimentés.

Les caractéristiques et pratiques du recrutement des jeunes docteurs relèvent, en général, davantage du sur-mesure que du prêt-à-porter, les postes offerts ne relevant généralement pas d'une logique massifiée et normalisée, que ce soit pour les postes de R&D ou de management de l'innovation.

Prenant conscience de la spécificité de la ressource recherchée, il s'agira maintenant pour l'entreprise d'en tirer toutes les conséquences lors des phases de recherche, de sélection et de recrutement, de première insertion dans l'entreprise et enfin dans le cadre de l'évolution professionnelle future.

2. Identifier, contacter et « séduire l'oiseau rare »

Il s'agit dès lors pour l'entreprise d'anticiper et de jouer malin pour dénicher les meilleurs profils et valoriser les opportunités professionnelles qu'elle représente aux yeux du futur candidat, mais aussi aux yeux des représentants des structures académiques et de recherche (l'école doctorale, le directeur de recherche et le laboratoire).

Comment identifier, contacter et séduire ce cadre de qualité qui est à la fois un professionnel de la recherche, un chef de projet (avec une expérience de trois à quatre ans) et un manager de l'innovation ?

Plusieurs options sont possibles qui peuvent se résumer dans les trois approches suivantes :

- faire le choix d'une solution « intégration globale » jouant un rôle d'intermédiation entre les compétences doctorales et les entreprises : c'est le rôle de l'association Bernard Gregory ;

- mobiliser les ressources de recrutement cadres en déclinant les spécificités des compétences doctorales ;

- construire un système de relations pérenne et orienté compétences doctorales en s'adossant sur les écoles doctorales et leurs structures associées (PRES, pôles de compétitivité…), ainsi que sur les associations de doctorants ou d'anciens.

2.1. Un acteur de référence au niveau européen dédié exclusivement aux docteurs : l'association Bernard Gregory

Solution immédiatement opérationnelle et très peu coûteuse à mettre en œuvre, le recours à l'association Bernard Gregory (ABG) satisfait autant les besoins ponctuels de recrutement des petites entreprises que les besoins de recrutement récurrents en volume de grosses structures de recherche.

La mise en place dans les prochains mois d'une plate-forme collaborative très puissante associant les PRES, universités ou groupements d'écoles doctorales et le déploiement progressif de tous ses services en Europe devrait confirmer à l'ABG sa position de partenaire de référence pour le recrutement des docteurs.

Créée en 1980, l'ABG a pour mission de promouvoir la formation par la recherche dans le monde socio-économique et d'aider à l'insertion professionnelle en entreprise des jeunes docteurs de toutes disciplines.

Centre d'information et de services incontesté, l'ABG s'est fixé trois grandes missions stratégiques, avec l'objectif d'être au plus haut niveau et en s'appuyant sur une logique collaborative avec les autres acteurs, académiques, économiques et territoriaux, engagés dans la thématique :

* un organisme de référence pour l'emploi des docteurs dans l'entreprise, pour leur insertion professionnelle et le développement de leur projet professionnel tout au long de la vie ;
* un vecteur d'intermédiation entre les mondes économiques, académiques et de la recherche ;
* un pôle de réflexion (*think tank*), force de proposition au service de l'ensemble des acteurs et partenaires, et des réseaux nationaux, internationaux et locaux qui les associent.

L'ABG offre toute une gamme de services directement liés à l'emploi des docteurs et aux compétences doctorales en s'appuyant sur un site bilingue (français-anglais)[1].

---

1. www.abg.asso.fr (120 000 visites mensuelles, dont 36 % en provenance de l'étranger).

Les entreprises peuvent ainsi bénéficier de nombreux services tels que :

- une banque de plus de 1 000 CV constamment actualisée ; les candidats présentés sont tous de jeunes docteurs qui ont bénéficié d'un conseil personnalisé ; 325 entreprises ont demandé au total 5 100 CV en 2007 (soit plus de 35 % de croissance par rapport à 2006). L'inscription en ligne de tous les docteurs sera effective en 2009 ;

- une antenne franco-allemande de l'ABG, implantée au siège de l'université franco-allemande (Sarrebrück), permet d'internationaliser le recrutement sur une large zone géographique et prépare un déploiement plus large sur l'ensemble de l'Europe en s'appuyant notamment sur le réseau des plates-formes collaboratives et sur une coopération avec les meilleurs pôles universitaires et de recherche ;

- la diffusion d'offres d'emploi en France et à l'étranger ; 4 000 offres ont été publiées en 2007 (+ 23 % par rapport à 2006) ;

- l'accès au réseau des anciens, qui regroupe des docteurs en entreprise ;

- la publication de nombreuses propositions de thèse (2 600 en 2007, avec une forte dynamique d'accroissement). L'ABG offre la possibilité aux entreprises de faire de la veille scientifique et d'identifier en amont les futurs profils et compétences sur leur champ d'activité ;

- la possibilité de proposer des missions dans le cadre du dispositif doctorants-conseils (cf. fiche en annexe) ;

- des services personnalisés aux entreprises adhérentes de l'ABG : alertes aux nouveaux CV, présélection de candidatures, club des entreprises sur les bonnes pratiques en matière de recrutement et de gestion des carrières des docteurs ;

- *Abg&Co*, une newsletter spécifique aux recruteurs (8 500 destinataires en 2008) ;

- des événements et forums permettant de rencontrer des docteurs et doctorants de toutes disciplines.

Ces nombreux services valorisent le canal ABG auprès des candidats potentiels et renforcent son intérêt pour le recruteur assuré d'accéder, en permanence, à une large palette de compétences.

2.2. Utiliser toutes les ressources emploi cadres correspondant au profil des docteurs

Sont à la disposition de l'entreprise et des docteurs, toutes les ressources permettant de rapprocher l'offre et la demande d'emploi : réseaux, outils et techniques de recrutement adaptés aux cadres en distinguant, comme pour toute autre formation, ceux plus particulièrement adaptés aux profils des jeunes docteurs, des autres jeunes diplômés ou des docteurs expérimentés.

Il ne s'agira pas de faire un panorama exhaustif de toutes les ressources à la disposition de l'entreprise pour rencontrer des docteurs et des doctorants, mais simplement de rappeler quelques pistes et d'émettre quelques recommandations pour leur permettre d'être plus efficaces dans leur recherche respective.

Ces ressources sont généralement non dédiées aux docteurs (sauf pour l'Apec qui a un partenariat avec l'ABG et pour quelques sites de recrutement sur Internet, généralement anglo-saxons). L'entreprise doit donc veiller à apprécier l'adéquation de la ressource emploi cadres mise en œuvre dans sa démarche de recrutement et veiller à bien mettre en évidence les spécificités des compétences doctorales recherchées et du poste proposé dans l'offre d'emploi.

> *Témoignage*
>
> « Les docteurs disposent d'atouts exceptionnels pour "prendre des parts de marché" : titre d'excellence reconnu dans le monde entier porté par la normalisation LMD, nouveaux enjeux de société qui génèrent des ruptures dans notre façon d'aborder les problèmes et de générer des solutions, rareté des ressources de haut niveau accentuée par une transformation à marche forcée vers l'économie de la connaissance. »
>
> **Dominique Bienfait, secrétaire général de Syntec recrutement.**

Les sites de recrutement des entreprises

De très nombreuses entreprises, notamment les plus importantes, disposent d'un espace recrutement permettant d'appréhender les caractéristiques des activités et des métiers, de consulter les offres d'emploi et de déposer une candidature en ligne. Des annuaires d'entreprises ou des recherches par mots-clés sur Internet permettent d'identifier assez aisément les entreprises leaders dans un secteur d'activité ou faisant appel à certaines compétences disciplinaires.

Attention, les entreprises expriment spontanément leurs offres en faisant référence davantage à leurs métiers qu'au type ou niveau de diplômes. Par exemple de nombreux emplois d'ingénieurs sont ouverts tant aux ingénieurs qu'aux docteurs des mêmes disciplines.

Il en est de même pour toutes les fonctions de l'entreprise qui ne sont pas directement en liaison avec une formation initiale spécifique. Il faut veiller, pour les entreprises qui font appel de manière significative aux compétences doctorales, à ce que les offres renvoient au terme « docteur » pour être visibles par les moteurs de recherche et affirmer l'intérêt de l'entreprise pour ces profils de compétences.

Pour les candidats, les annuaires d'entreprises (comme Kompass par exemple) sont un excellent moyen de cibler les entreprises potentielles et de disposer de leurs coordonnées. Une fois les entreprises identifiées, il est possible de se connecter sur les sites Internet de l'entreprise et de ses partenaires pour mieux appréhender ses activités, ses métiers et les opportunités d'embauche ou de partenariat offertes aux docteurs et doctorants d'entrer en contact avec des cadres qui y travaillent ou des responsables des ressources humaines afin de bien cibler sa démarche de recherche d'emploi.

Les petites annonces dans la presse

Elles privilégient donc :

- les revues et les journaux, français ou étrangers, faisant référence dans la discipline académique visée ou le secteur d'activité ;
- les supports des filières académiques et de recherche ou des pôles d'activité concernés.

S'agissant de compétences rares et précises, les supports de petites annonces généralistes (presse nationale ou régionale, « gratuits ») se révèlent peu pertinents pour les profils docteurs.

Les cabinets de recrutement

« Société de services composée de consultants dont le rôle est de conseiller l'entreprise cliente dans sa stratégie de recrutement. Le conseil en recrutement s'étend donc de l'aide à la définition de poste, du conseil en structure…, jusqu'à la définition du profil recherché, et à la présentation du candidat adéquat. Il n'est pas rare d'assister les deux parties dans la phase finale de négociation, durant la période d'essai voire sur du long terme. Un conseil en recrutement offre toujours une garantie »[1].

S'agissant de prestations à forte valeur ajoutée, les prestations des cabinets de recrutement s'adressent, en général, à des candidats disposant d'une première expérience ou à la recherche de ressources rares sur le marché : par exemple, les compétences ERP (Enterprise Ressource Planning, logiciel permettant de gérer l'ensemble des processus opérationnels d'une entreprise comme la production, la comptabilité, les stocks ou les ressources humaines) en informatique ou certaines compétences en biotechnologie… Les entreprises, notamment PME, qui ne disposent pas de service de recrutement permanent en interne délèguent fréquemment la formalisation des offres et la recherche à ces professionnels du recrutement qui sont très souvent spécialisés par secteurs d'activité ou par profils de poste.

Le couple constitué par une formation doctorale très personnalisée et les offres d'emploi (recherche ou management de l'innovation), relève plus de la haute couture ou de la mesure industrielle que du prêt-à-porter. Il ne s'apparente pas à une logique massifiée et normalisée. Cela explique pourquoi de nombreuses entreprises sont amenées à se faire accompagner dans une recherche assez « pointue » et qui demande à être sécurisée compte tenu des enjeux qui peuvent se profiler derrière ce type d'embauche.

Se tromper dans le recrutement d'un jeune docteur pour assurer la direction technique d'une PME, ou pour éclairer et assurer le développement d'une nouvelle technologie stratégique dans une grande entreprise, pourra être très lourd de conséquences, alors que cette même erreur serait marginale dans une SSII qui recrute chaque année des milliers d'ingénieurs, dont certains se révéleront inadaptés à ces métiers.

Les sites généralistes d'emploi dédiés aux cadres

Il existe plus de 2 000 sites d'emploi dédiés aux cadres en France. Ce serait donc une perte de temps que de déposer une offre ou une demande d'emploi sur beaucoup d'entre eux. Il est impératif de privilégier, soit les plus

---

1. Syntec Recrutement.

grands sites généralistes orientés cadres tels que l'Apec, Cadres Online ou encore Monster – certains sont utilisés par de nombreux cabinets de recrutement –, soit les principaux sites spécialisés de votre secteur d'activité tels que par exemple Aéro Emploi Formation.com (portail dédié aux métiers de l'aéronautique, du spatial et de la défense) ou Reseau-Emploi.com en informatique. Ne pas hésiter à utiliser quelques grands sites d'emploi européens ou mondiaux comme par exemple Stepstone.

Les sociétés d'intérim dédiées aux cadres

De nombreuses entreprises recrutent des cadres par ce biais qui, en externalisant la recherche de candidats, leur permet d'assurer une partie de leur recrutement et d'en garantir la qualité. Pour l'ensemble des cadres en intérim, à peu près la moitié des CDD se transforment en CDI et de nombreux postes sont directement proposés en CDI. En effet, de nombreuses agences d'intérim dédiées aux cadres, telles qu'Expectra, Manpower, Michael Page Interim ou Randstad, ont développé une activité d'agences de recrutement dédiées aux cadres. Les offres dédiées aux docteurs restent encore relativement peu nombreuses, mais n'ont aucune raison de ne pas se développer.

Sites d'emploi cadres dédiés aux docteurs
(recherche ou management de l'innovation en entreprise)

Un certain nombre de sites d'emploi se sont spécialisés dans les compétences doctorales. Ils interviennent généralement au niveau européen ou mondial avec des fonctionnalités classiques d'offres et de demandes d'emploi multicritères (disciplines, secteurs d'activité/métiers, zones géographiques…). Outre le site bilingue de l'ABG, déjà mentionné, on mentionnera Arborescence, Higher Education Careers Services Unit, New Scientist Jobs, Nature Jobs, PhD Jobs, Science Careers, Sciences jobs, etc.[1]

Les réseaux sociaux

Les docteurs et doctorants sont en général assez actifs sur les réseaux sociaux comme le réseau des anciens de l'ABG (qui regroupe à ce jour 1 500 docteurs travaillant en entreprise), Viadeo (avec lequel l'ANDèS a construit son réseau ANDèS–Entreprise) ou LinkedIn (avec lequel

---

1. En savoir plus : voir les contacts utiles proposés en annexe.

l'Apec vient de signer un partenariat). Les services de recrutement commencent à porter beaucoup d'attention à ces réseaux qui leur permettent de disposer d'informations complémentaires sur la personnalité ou les centres d'intérêt du candidat, ou pour gérer des communautés hybrides de collaborateurs et de candidats potentiels fédérés par une passion ou un centre d'intérêt commun.

Les salons de recrutement

Les salons de recrutement sont plutôt ciblés sur les diplômés du niveau Master (grandes écoles et filières universitaires). Pour autant, certaines entreprises y recrutent aussi des docteurs afin de pourvoir à des besoins relativement normalisés pouvant être tenus tant par des ingénieurs que par des docteurs. Ces salons de recrutement peuvent être organisés sur une logique géographique (peu pertinente en ce qui concerne les docteurs et doctorants) ou par type de postes. Certains postes de cadres peuvent intéresser les docteurs, sur des logiques métiers ou secteurs d'activités comme, par exemple, le forum des métiers et emploi de la CAO (un salon de recrutement spécialisé DCAO, FAO, études, calcul, simulation, PLM… qui propose plus de 1 000 postes à pourvoir) ou Les Jeudis (salon de recrutement spécialisé dans les métiers de l'informatique et de l'ingénierie – ingénieurs, développeurs, architectes réseau – qui propose près de 15 000 postes).[1]

Un premier Forum parisien de l'emploi des docteurs et doctorants, organisé conjointement par la Ville de Paris et l'ABG, s'est déroulé avec beaucoup de succès début 2008 associant, en une demi-journée, plus d'un millier de doctorants et docteurs et plus de quatre-vingts entreprises de tous secteurs d'activité.

Les salons professionnels

Certains salons professionnels disposent d'espaces emploi-recrutement, parfois très significatifs, qui permettent d'organiser des conférences, de concilier des offres et des demandes d'emploi ou de thèses, de conduire des entretiens ou de bénéficier de conseils ou d'informations sur les activités et les métiers. Par exemple, Les Rendez-vous de l'emploi organisé par le ministère de l'Enseignement supérieur et de la Recherche

---

1. En savoir plus : Salons Online (www.salons-online.com), portail des salons professionnels et des salons de recrutement.

avec le soutien de l'ABG au Salon Européen de la Recherche et de l'Innovation (recherche), le Toptech à Marseille (mobilité, RFID), le Toulouse Space Show (espace et aéronautique), ou encore, Cartes & Identification à Paris (sécurité numérique et smart technologies).[1]

Ces différents salons sont une excellente occasion pour les recruteurs de rencontrer des docteurs et des doctorants, d'identifier des opportunités et de se créer des contacts.

Les salons doctoraux

Les filières doctorales organisent un certain nombre de salons ou de rencontres destinées à valoriser les formations doctorales et les travaux de recherche qui sont autant d'occasion d'identifier des talents ou d'échanger entre responsables des filières académiques et de recherche, responsables d'entreprise et docteurs-doctorants comme, par exemple, le salon des thèses en science politique organisé par l'Association française de science politique en partenariat avec l'Université Paris-Dauphine, l'AECSP (Association des enseignants chercheurs en science politique) et l'ANCMSP (Association nationale des candidats aux métiers de la science politique). Des sites comme ceux de l'ABG et des associations de docteurs et de doctorants se font régulièrement écho de ces nombreuses manifestations.

2.3. Construire un système pérenne de relations

Mettre en œuvre des solutions qui ont fait leurs preuves

Les entreprises qui procèdent à des recrutements récurrents de docteurs peuvent avoir un intérêt à construire un système de relations avec les écoles doctorales et les associations de doctorants, à l'instar de ce qui est mis en œuvre par certaines d'entre elles (SSII, banques, grands groupes industriels…) dans les écoles d'ingénieurs et de commerce.

Elles ont besoin de structures et/ou de correspondants pérennes dans les PRES, universités ou regroupements d'écoles doctorales pour construire leurs relations dans le temps, gérer leurs échanges et leurs projets et assurer ainsi une bonne intermédiation entre l'offre et la demande.

---

1. En savoir plus : Salons Online (www.salons-online.com), portail des salons professionnels et des salons de recrutement.

Cela exige de la part des entreprises des investissements non négligeables et une action continue et cohérente dans la durée. Cela demande aussi une structuration et des moyens du côté des écoles doctorales, afin qu'elles puissent remplir pleinement leurs missions.

Pour l'instant, de nombreuses universités ne sont à même de mobiliser que deux ou trois personnes pour gérer et assister une population de plusieurs milliers de doctorants. Les moyens mobilisés par les universités restent totalement en deçà des enjeux d'insertion professionnelle et obèrent la possibilité pour les entreprises de déployer des dispositifs plus « industriels ». Un plan « insertion professionnelle docteurs et doctorants » (terme inapproprié, s'agissant de professionnels de la recherche et non d'étudiants) analogue à celui qui vient d'être engagé pour les cycles L et M (budget alloué de 55 millions d'euros sur cinq ans) devrait être impérativement lancé au plus vite pour favoriser l'intermédiation et accompagner les expérimentations en cours conduites notamment par les PRES et l'ABG.

Les universités et les écoles doctorales mettent actuellement en place des structures favorisant l'insertion professionnelle, à l'instar des dispositifs mis en place par les écoles de commerce et d'ingénieurs, articulé autour de trois axes :

- le service emploi-relations entreprises ;
- le bureau des élèves ;
- l'association des anciens.

Il s'agit de faire exister des structures permanentes de relations avec les entreprises, permettant de favoriser tout au long du cycle la connaissance des futurs métiers, l'acquisition d'une technique de recherche d'emploi, la connaissance par les entreprises des formations délivrées par l'école, la mise en relation des offres de stages, des projets « industriels », des soutenances de thèse, des offres d'emploi…

Des acteurs incontournables : les écoles doctorales

D'après l'arrêté du 7 août 2006 relatif à la formation doctorale, les écoles doctorales organisent la formation des doctorants et les préparent à leur devenir professionnel.

Elles apportent aux doctorants une culture pluridisciplinaire dans le cadre d'un projet scientifique cohérent et concourent à la visibilité internationale du doctorat.

Les écoles doctorales ont aujourd'hui un périmètre d'intervention aussi large que les dispositifs en place dans les grandes écoles, même si elles ne disposent pas encore de l'expérience et des moyens humains et financiers de leurs « aînées ».

Elles ont en particulier pour missions de :

- s'assurer de la qualité de l'encadrement des doctorants par les unités et équipes de recherche ;

- veiller à la mise en œuvre de la charte des thèses (arrêté du 3 septembre 1998) destinée à mettre les doctorants dans les meilleures conditions pour conduire leur projet professionnel *via* le doctorat ;

- proposer aux doctorants les formations d'accompagnement à leur projet de recherche et à leur projet professionnel ainsi que les formations nécessaires à l'acquisition d'une large culture scientifique ; ces formations professionnelles doivent permettre de préparer les docteurs au métier de chercheur, et plus généralement à tout métier requérant les compétences acquises lors de la formation doctorale ; elles peuvent être organisées avec le concours d'autres organismes publics et privés ainsi qu'avec les centres d'initiation à l'enseignement supérieur ;

- assurer un service d'appui au devenir professionnel des docteurs en relation avec les organismes ou associations concourant à ce même objectif et de suivi de l'ensemble des doctorants dont elles ont la charge ;

- valoriser les filières doctorales dont elles ont la charge ;

- organiser les échanges scientifiques et intellectuels entre doctorants.

Les Services universitaires information orientation (SUIO)

Bien que leur vocation soit de s'adresser aux étudiants des cycles L/M en amont du doctorat, les SUIO représentent un canal intéressant pour les entreprises qui souhaitent construire des relations avec l'ensemble des filières universitaires. Ils peuvent être des vecteurs intéressants pour développer des stratégies amont visant à identifier et fidéliser les meilleurs éléments avant même que ne débute formellement le projet (organisation de conférences sur les métiers, projets et technologies, par exemple, permettant des prises de contact et d'installer l'image de l'entreprise).

Ces services ont pour missions essentielles d'informer et de conseiller les étudiants et futurs étudiants dans leur choix d'études et leur futur projet professionnel. Afin de remplir au mieux leurs missions, ils constituent et mettent à jour un fonds documentaire sur chacun des cursus de formation des différentes Unités de formation et de recherche (UFR), sur les études supérieures en France (universités, grandes écoles, écoles spécialisées…) et dans l'Union européenne, sur le monde professionnel, l'insertion dans la vie active, les métiers…

Les SUIO assurent diverses actions individuelles et collectives à l'entrée de l'université et tout au long du cursus d'études : accueil, orientation et réorientation, informations personnalisées, entretiens individuels, organisation de réunions d'information et de conférences sur les métiers et les méthodes de recherche d'emploi, élaboration de documents sur les poursuites d'études et les débouchés des formations, aide au projet d'orientation, au projet professionnel et à l'insertion professionnelle, organisation de sessions d'aide à la recherche d'emploi, d'aide à la recherche de stages, d'ateliers projets, élaboration et recherche d'informations (enquêtes et publications Cereq, listes et annuaires d'entreprises, rapport d'activités…), participation à la politique de communication externe de l'université, à des forums et salons ainsi qu'aux journées d'information dans les lycées, avec les représentants des UFR, participation aux journées portes ouvertes organisées par les UFR…

Les SUIO devraient évoluer et bénéficier d'un renforcement significatif de leurs missions d'information, d'orientation et d'insertion professionnelle aux niveaux L/M et renforcer leurs coopérations avec les écoles doctorales pour le niveau Doctorat.

Les associations de doctorants et/ou de docteurs

Les doctorants et docteurs se sont constitués en très nombreuses associations suivant une logique institutionnelle (PRES, université, UFR, école ou regroupement d'écoles doctorales ou disciplinaires).

– À Rennes : D2R2 (Association des doctorants et docteurs de Rennes 2).
– À Albi : ACTA (Association des doctorants de l'École des Mines d'Albi-Carmaux).
– À Lyon : ADSL (Association du doctorat scientifique lyonnais) et Adil (Association des Doctorants de l'Insa de Lyon dans la région lyonnaise).
– À Nantes : BioChim'action (Association des doctorants de chimie-biologie de Nantes) et Login (Association des jeunes chercheurs en informatique de Nantes en région nantaise).

Ces communautés ont pour but de promouvoir le doctorat, de défendre les intérêts des jeunes chercheurs, de créer un lieu de communication et d'échanges entre les anciens et futurs diplômés, de développer un espace d'échange et de réflexion, de donner des possibilités aux membres et aux partenaires de bénéficier de conseils et de propositions notamment dans le domaine de l'emploi. Elles disposent, en général, de sites Internet et d'annuaires permettant de générer des actions d'information et de recrutement.

La plupart de ces associations sont membres de la Confédération des jeunes chercheurs (CJC) qui fédère les associations locales de jeunes chercheurs. La CJC est une association qui représente les doctorants et nouveaux docteurs au niveau national. Elle est une force de proposition sur les questions de recherche, d'enseignement supérieur et de formation doctorale. Elle est membre d'Eurodoc, l'association européenne des jeunes chercheurs.

Citons également la Guilde des doctorants, une association loi 1901 qui agit pour l'amélioration et la promotion du doctorat. Pour cela, elle permet aux jeunes chercheurs et aux associations de mutualiser des informations et des outils communs *via* le réseau Internet.

L'association nationale des docteurs ès sciences (ANDèS), fondée en 1970, rassemble les docteurs de toutes disciplines, quels que soient leur âge, leur statut professionnel, qu'ils résident en France ou à l'étranger. Ses buts sont de promouvoir le doctorat, mettre les talents des docteurs au service de la société et de développer un réseau fédérateur de docteurs.

Quelques services spécifiques pouvant intéresser l'entreprise :

- le réseau des anciens de l'ABG ;
- la communauté française des docteurs® : réseau construit sur les fonctionnalités des réseaux sociaux Viadéo et LinkedIn ayant pour objectifs de créer et développer une communauté de docteurs.

Les sociétés savantes

Ces sociétés, comme la Société de mathématiques appliquées et industrielles, la Société mathématique de France, la Société française de chimie, la Société française de physique, peu connues du monde de l'entreprise, animent des communautés très actives de chercheurs et de scientifiques et disposent sur leurs sites de rubriques emploi, d'annuaires ou de listes de partenaires qui peuvent présenter un grand intérêt pour rapprocher offres et demandes d'emploi destinées aux doctorants et docteurs.

2.4. Ne pas hésiter à mettre les doctorants en situation dans l'entreprise

Quelles sont les attentes ou les contraintes exprimées par les doctorants ?

Les doctorants qui souhaitent développer un parcours professionnel au sein de l'entreprise sont très attentifs à toutes les offres et dispositifs permettant de développer au cours de leur doctorat leurs compétences professionnelles afin de mieux appréhender leurs futurs métiers et d'être mieux armés pour préparer leur devenir professionnel.

Si les élèves de grandes écoles ont en général découvert l'entreprise avant leur recrutement en doctorat, en particulier à travers des stages, la majorité des doctorants sont issus des filières strictement universitaires concentrées généralement, encore pour l'instant, sur une approche principalement académique. Certaines entreprises ont mis en place des dispositifs spécifiques volontaristes pour répondre à cette situation.

Pour STMicroelectronics, le financement des thèses Cifre pour former les futurs chercheurs et managers de l'entreprise est un axe clé de la politique de ressources humaines.

Durant son expérience doctorale, le doctorant doit associer une dimension académique et une dimension professionnelle qui vont lui permettre de construire une première expérience de chercheur, de consolider son projet professionnel et de préparer son avenir. Le développement de la dimension professionnelle doit s'effectuer en cohérence avec la dimension académique et s'organiser de manière à permettre la conduite du doctorat dans les meilleures conditions.

Quels intérêts pour l'entreprise de travailler avec les doctorants ?

Pour l'entreprise, c'est la possibilité :

* d'approfondir un projet de recherche, de conduire une veille technologique et méthodologique amont en s'appuyant sur des

compétences de très haut niveau (le doctorant, son encadrement et son environnement) ;

- d'accéder à un potentiel de recherche et d'innovation et de développer des liens de partenariat avec le monde de la recherche en France et à l'international ;
- de disposer d'un potentiel de recrutement de collaborateurs de haut niveau structurés par leur travail de recherche et ayant une pratique professionnelle en entreprise.

2.5. Les dispositifs de mise en œuvre des meilleures pratiques

Il existe plusieurs dispositifs permettant de mettre les doctorants en situation professionnelle dans des conditions attractives et efficaces pour l'entreprise et le doctorant.

La Cifre, un dispositif éprouvé à utiliser sans modération[1]

C'est un dispositif très efficace qui a fait ses preuves depuis sa création, il y a vingt-cinq ans, mais dont la mise en œuvre pourrait encore être développée notamment vers les activités de services et les PME innovantes.

> 92 % des doctorants Cifre ont accédé à la soutenance de thèse, démontrant la parfaite adéquation du dispositif et sa compatibilité avec le parcours doctoral.

Associant autour de projets de recherche et d'innovation près de 15 000 doctorants, 8 000 entreprises et 5 000 laboratoires, l'efficacité de la Cifre est incontestablement plébiscitée en termes de devenir professionnel et de structure de coopération entre l'entreprise, le laboratoire et le jeune chercheur. En 2008, plus de 1 200 Cifre ont été conclues sous le contrôle de l'Association nationale de la recherche technique (ANRT) entre les entreprises, les doctorants et les laboratoires.

> À l'issue de leur convention :
> - 40 % des docteurs Cifre ont été embauchés dans l'entreprise ;
> - 39 % ont rejoint une autre entreprise ;
> - 12 % ont rejoint la recherche publique.

Ce dispositif, largement financé par le ministère de l'Enseignement supérieur et de la Recherche, connaît une croissance continue depuis son origine. Il est soutenu par les pouvoirs publics, les organisations

---

1. Convention industrielle de formation par la recherche. Voir également la fiche pratique en annexe.

patronales (Medef, CGPME et leurs fédérations), les universités et grandes écoles et les associations de docteurs et doctorants. Il a vocation à contribuer au processus d'innovation des entreprises françaises et à la compétitivité de notre économie. Il favorise les échanges entre les laboratoires de recherche publique et les entreprises privées, grandes ou petites.

Dispositif parmi les plus performants pour construire un parcours professionnel en entreprise, chaque fois que le projet de recherche s'y prête, la Cifre associe trois partenaires autour d'un projet de recherche conduisant à une soutenance de thèse de doctorat : une entreprise, un jeune diplômé (bac + 5) et un laboratoire. Le choix du thème se révèle fondamental pour créer cette volonté commune à plusieurs personnes physiques ou morales de s'associer pour conduire un projet qui, en l'espèce, est un projet de recherche dont les résultats sont réutilisables par l'entreprise.

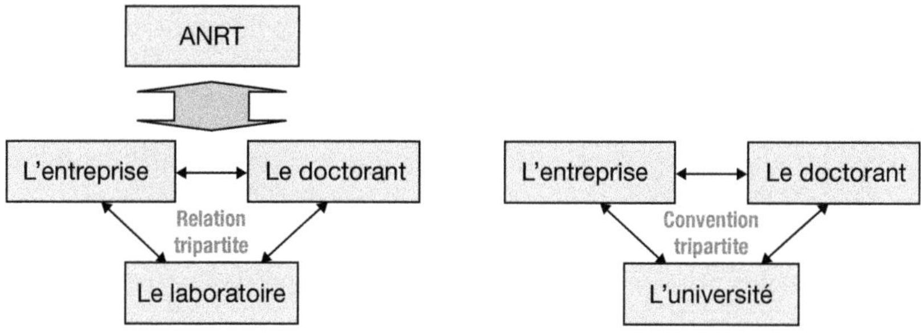

Figure 3.1 – La Cifre, un dispositif tripartite

La Cifre permet à l'entreprise de :

- disposer d'une compétence académique/professionnelle de bon niveau et de l'accès à un réseau d'expertises d'excellence dans un domaine mono ou pluridisciplinaire pouvant être dédiée à analyser un thème de recherche que l'entreprise n'a pas capacité à conduire par manque de compétences ou de ressources internes ;
- bénéficier de la « caution », de l'encadrement et du support méthodologique et technique d'un laboratoire reconnu dans les domaines concernés par le thème de recherche ;
- compléter ou disposer d'une ressource de R&D dans un dispositif partiellement externalisé auprès d'un laboratoire tout en conservant

son pilotage, le contrôle des méthodes mises en œuvre pour leur production ;

- bénéficier d'une source d'excellence en termes de recrutement ou d'accès à des réseaux d'expertises et de compétences ;

- évaluer les compétences et attitudes d'un chercheur ou d'un futur collaborateur dans la durée dans le cadre généralement d'un CDD de trois ans (le CDI est possible mais par construction son terme n'est pas prédéfini)[1].

Dans plus de 80 % des cas les entreprises, dont la moitié sont des PME-PMI, ont indiqué avoir obtenu des résultats utilisables dans leurs produits ou procédés. Ainsi, 15 % des Cifre ont donné lieu au dépôt d'au moins un brevet.

82 % des entreprises ont bénéficié de retombées dès la fin de la convention sous forme de :
– savoir-faire (39 %) ;
– produit (17 %) ;
– procédé (18 %) ;
– au moins un brevet (15 %) ;
– prototype (11 %).

Le développement de carrière des docteurs Cifre se déroule facilement, en très large majorité dans les entreprises : le taux d'emploi, trois ans après le doctorat, est de 93 % à 94 % quand celui moyen de l'ensemble des docteurs est de 89 %.

Toutes les entreprises sont concernées : si une cinquantaine de grands groupes sont encore bénéficiaires de la moitié des Cifre, les conventions conclues avec des entreprises indépendantes représentent 44 %, dont 36 % pour des entreprises de moins de 500 salariés. La croissance du nombre de Cifre depuis 2006 est essentiellement due à des entreprises indépendantes, principalement de taille moyenne (500 à 2 000 salariés). Plus de la moitié des conventions sont signées dans trois secteurs : les services (23 %), les transports et télécommunications (20 %) et l'énergie (9 %).

---

1. Toute la documentation officielle (formulaires, conventions…) est disponible sur le site de l'ANRT : www.anrt.asso.fr.

Témoignage

Faire de la Cifre un outil stratégique de développement de la R&D, de coopération avec les laboratoires et de sourcing.

« Avec près de quatre-vingt nouvelles thèses financées par an, qui représentent environ 30 % de nos embauches, nous préparons les spécialistes de demain à affronter le marché mondial et hypercompétitif du semi-conducteur, pour lequel ce diplôme est LA référence. Nous tissons le réseau toujours plus resserré de relations avec les laboratoires français, en leur envoyant les signaux forts des orientations de nos directions de recherche, et en les faisant participer à l'identification des frontières des connaissances scientifiques et technologiques, publiques et privées. Ils peuvent ainsi développer leurs programmes de recherche vers les thématiques les plus porteuses d'avenir. »

**Laurent Gouzènes, directeur Europe R&D
et Affaires Publiques chez STMicroelectronics.**

Témoignage

« Réaliser une thèse en Cifre offre une richesse de terrain prodigieuse pour le travail doctoral, pour lequel il est essentiel. Ce type de financement fournit également une expérience dans le monde de l'entreprise, qu'il serait difficile d'acquérir ultérieurement en accédant à la profession d'enseignant-chercheur, et qui me paraît essentiel dans une discipline comme les Sciences de Gestion. Il permet également de disposer d'une expérience de trois années, pouvant être valorisées par ceux qui ne souhaitent pas, après leur soutenance de thèse, faire une carrière académique, mais plutôt s'orienter vers le monde de l'entreprise.

Une attention particulière doit être portée à la constitution du dossier de demande de bourse afin de ne pas retarder son acceptation, dont le délai est de deux mois minimum.

Même si concilier travail de terrain et recherche peut paraître difficile, les avantages en découlant pour la thèse comblent cet inconvénient. L'alternance entre travail en entreprise et recherche au laboratoire (négociée avec l'entreprise lors de la signature de la convention) fournit un temps précieux pour la prise de recul indispensable par rapport à son terrain.

Bien entendu, l'avantage pécuniaire n'est pas négligeable, connaissant les difficultés de certains doctorants pour trouver un financement de leurs trois années de thèse. Cependant, il ne doit pas être choisi par défaut et doit provenir d'une volonté du doctorant, informé des modalités de ce type de convention) ».

**Cindy Zawadzki, doctorante en Sciences de gestion
à l'université Paul Verlaine-Metz.
(Témoignage recueilli sur le site de l'université.)**

> *Témoignage*
>
> « J'ai su rapidement que je voulais travailler dans la recherche en entreprise, mais aussi soutenir une thèse. Pendant mon cursus, j'ai également pris goût au développement logiciel. Or, à l'époque, je savais que la plupart des stagiaires entrant chez Dassault Systèmes étaient embauchés. Je me suis rapproché d'un laboratoire de mon école qui travaillait avec eux et j'ai obtenu une Cifre. J'ai participé à la mise au point d'un outil logiciel pour simuler les défauts lors de l'assemblage de la carrosserie. Dassault Systèmes avait alors mis des clients dans la boucle. J'ai dû ainsi assumer le rôle de porte-parole du projet auprès de Renault et de Volvo. Au final, le projet a été un tel succès que c'est devenu un produit. Nous avons donc continué à travailler avec Renault. Ensuite, j'ai pris la responsabilité du produit qui est toujours dans la gamme. Après avoir été embauché, j'ai insisté pour recruter un autre Cifre sur mon sujet de thèse ! »
>
> **Éric Sellem, docteur, chef de produit chez Dassault Systèmes.**

Pour le doctorant, la Cifre permet de :

- conduire un projet réfléchi et structuré qui conduit 92 % des doctorants à soutenir leur thèse (sur les 8 % restant, la moitié des doctorants auraient pu la soutenir mais ont préféré privilégier leur travail dans l'entreprise) ;

- être un chef de projet, un créateur et diffuseur d'innovation, une sorte de « passeur » ou « go-between » entre son entreprise et son laboratoire de recherche ;

- s'inscrire dans une collaboration avec le monde de l'entreprise qui se concrétise pour 78 % des Cifre par une carrière dans le secteur privé ;

- bénéficier d'un projet s'inscrivant dans un cadre industriel (produits ou services), d'un cadre mixte structurant laboratoire/entreprise) et des moyens financiers, techniques et méthodologiques associés ;

- disposer d'un cadre contractuel (CDD ou CDI) donnant accès à la couverture sociale de l'entreprise (santé, prévoyance…) et à une rémunération garantie significative pendant les trois ans de ses travaux de recherche ;

Les sciences humaines et sociales (SHS) représentent 15 % des sujets de thèse ; leur progression est continue depuis plus de dix ans avec une focalisation des thématiques ; droit, ressources humaines et économie représentent les deux tiers des conventions Cifre en SHS.

- valoriser professionnellement ses trois ans de travail de chercheur par la reprise d'ancienneté (si elle est conclue dans le cadre d'un CDI ou si elle est suivie d'une embauche en CDI par l'entreprise partenaire à l'issue du CDD), par la valorisation de son CV en cas de repositionnement sur le marché de l'emploi à l'issue de la Cifre ;

- bénéficier de la valorisation des travaux menés conjointement avec l'entreprise et le laboratoire par une communication concertée ;
- conforter un projet de parcours professionnel, en acquérant des compétences et attitudes professionnelles facilitant son devenir professionnel.

> *Témoignage*
>
> « Je suis très satisfait de ma Cifre. J'ai été très bien encadré, et j'ai beaucoup appris. Chez Bull, j'ai été supervisé par Claude Camozzi, vice-président stratégie des plates-formes et chargé de Fame2, l'un des grands projets du pôle de compétitivité System@tic. J'ai profité de ces travaux dans le cadre de ma thèse consacrée à l'optimisation de code avec compilation itérative. L'enjeu étant de réduire la durée de certains calculs gourmands. À l'Isty, mon directeur de thèse est William Jalby, spécialiste du parallélisme. Il a une expérience importante aux États-Unis et a mené des recherches dans l'industrie. »
>
> **Sébastien Donadio, Bull[1].**

> *Témoignage*
>
> « Ces trois années m'ont aidé à mûrir mon choix. À savoir, m'orienter vers la recherche appliquée ou rester à l'université. J'ai suivi ma Cifre chez Bouygues Télécom et au LIP6, sur le thème de l'optimisation du routage dans les réseaux IP, avec prise en compte de la qualité de service. J'ai passé près de deux ans quasiment à 100 % chez l'opérateur, puis j'ai travaillé sur ma thèse, en dernière année, au laboratoire. J'ai été très suivie par l'entreprise et, prise par l'opérationnel, mes travaux de recherche ont mis du temps à démarrer. Mais finalement, j'ai apprécié d'être immergée dans l'entreprise et de ne pas partir dans des folies mathématiques. »
>
> **Bénédicte Vatinlen, Bouygues Telecom[2].**

---

1. Témoignage recueilli sur le site de O1net – dossier « Le thésard ramène sa science en entreprise », daté du 12/02/2007.
2. *Ibid.*

La Cifre permet au laboratoire :

- d'établir, sur le domaine de recherche du laboratoire, un partenariat structuré et créateur de valeur sur une durée de trois ans avec une entreprise et un doctorant ;

- plus largement, d'être à même de pouvoir conduire des recherches conjointement avec le secteur privé et d'assurer la diffusion des résultats de ses propres actions de recherche en amont, au service de l'innovation et du développement économique ;

- de créer de futures opportunités de partenariat avec l'entreprise ;

- d'offrir à ses chercheurs un contexte de développement et de transfert de technologies.

La mission du doctorant-conseil est une mission effectuée par un doctorant dans une entreprise, une administration ou une collectivité territoriale, en parallèle à son travail de doctorat au sein d'une unité de recherche [...]. Le thème de cette mission se situe dans le domaine des compétences acquises par le doctorant tout au long de son parcours ; il ne présente pas nécessairement un lien direct avec son sujet de recherche.

Les missions doctorants-conseils : à mettre en œuvre dès que possible

Lancé dans le cadre d'une expérimentation pour l'année universitaire 2007-2008 et reconduit avec les financements ministériels associés pour l'année 2008-2009 compte tenu des bons résultats constatés lors de la première évaluation, ce nouveau dispositif offre aux entreprises la possibilité de faire appel ponctuellement aux compétences des doctorants en permettant :

- aux doctorants de mettre en application leurs compétences de jeunes chercheurs, d'enrichir leur formation et de préparer la suite de leur vie professionnelle ;

- à l'entreprise de se tourner vers le monde de la recherche et de mieux connaître (et reconnaître) ses forces vives que sont les jeunes chercheurs.

Au vu des premiers résultats, le système doctorants-conseils devrait être largement développé et constituer assurément à terme une réussite analogue à celle des conventions Cifre[1].

---

1. Toute la documentation officielle (formulaires, modèles de contrats, conventions...) est disponible sur le site de la DGES du ministère de l'Enseignement supérieur : http://edges.sup.adc.education.fr/RU/experimentation. Voir également le site de l'ABG : www.abg.fr.

Ce dispositif très souple permet ainsi à une entreprise (notamment une PME) qui a besoin d'une assistance ou d'un conseil scientifique, technologique, marketing, financier, juridique… d'accéder aux compétences d'un jeune chercheur et à ses réseaux de compétences, et de profiter du haut niveau de qualification des doctorants pour leur confier une mission de 32 jours maximum dans des domaines et des modalités d'intervention très variés comme de la veille technologique, de la rédaction de rapports, de la contribution à des expertises, de la consultance sur des techniques ou méthodologies, du projet, de la modélisation…

Chaque mission est effectuée dans le cadre d'une convention tripartite entre l'université, l'entreprise et le doctorant, prévoyant la facturation de la mission par l'université. Le doctorant-conseil bénéficie d'un accompagnement mis en place par l'université.

Les avantages de la mission doctorants-conseils pour l'entreprise sont les suivants :

- la souplesse de mise en œuvre (objet et durée des prestations, conditions contractuelles, conditions de mise en œuvre…) ;

- la taille de l'entreprise et son activité : toutes les entreprises, administrations et collectivités territoriales peuvent recourir aux services des doctorants-conseils. L'entreprise peut être grande ou très petite et appartenir à tous secteurs d'activité (industrie et services). Que l'entreprise fasse de la recherche ou non n'a aucune importance. Les doctorants-conseils interviennent comme consultants et non comme chercheurs. Autrement dit, la mission peut ne pas avoir de lien direct avec le sujet de recherche du doctorant. Ce dispositif permet à de petites structures d'accéder à des compétences et expertises qui étaient généralement hors de leur portée ;

- une relation contractuelle et une facturation aux prix du marché : la mission est une prestation qui est facturée à l'entreprise aux conditions proches du marché par l'université dont relève le doctorant ;

- des opportunités de projets de partenariat avec les universités et leurs centres de recherche ;

- un réservoir potentiel de compétences pour un recrutement ultérieur.

Témoignage

« Ce dispositif rend aujourd'hui la recherche appliquée accessible à toutes les entreprises ; le recours à un doctorant-conseil permet une approche progressive et maîtrisée de tout projet d'innovation concernant aussi bien les produits, services et procédés. »

Jean-Pierre Larralde, UIMM Gironde-Landes.

Témoignage

« L'intérêt de la formule est de pouvoir disposer d'une compétence qui a déjà une expérience de R&D, même si le sujet est différent, et rapidement contributive du fait de la capacité d'adaptation acquise en thèse. Par ailleurs, le fait d'avoir un regard extérieur est généralement bénéfique. Pour une petite entreprise, il est plus facile de passer d'un effectif d'1 à 1,2 (un jour par semaine) que de 1 à 2… De plus le contrat est sur une année, ce qui peut permettre au doctorant-consultant de suivre le développement entier d'un projet. Il est aussi plus intéressant pour l'entreprise de faire travailler les gens sur des activités pérennes. »

Philippe Reynier, Ingénierie et systèmes avancés, Pessac.

Les missions doctorants-conseils apportent au doctorant :

- une mise en œuvre de ses connaissances et compétences dans un cadre professionnel complémentaire à son activité de chercheur et une expérience professionnelle en entreprise ;
- des opportunités pour construire ou qualifier son parcours professionnel par une meilleure connaissance de l'organisation et du fonctionnement d'une entreprise, des métiers, des secteurs d'activité, des relations contractuelles liées à la fourniture d'une prestation par et à une entreprise… ;
- des contacts enrichissant son réseau professionnel ;
- un apport financier.

Témoignage

« Le contexte de la mission : une revue technique des moyens d'essais utilisés en rentrée atmosphérique (premier contrat) et une revue de la modélisation de l'écoulement du slush d'hydrogène (deuxième contrat) auprès de l'entreprise Ingénierie et systèmes avancés. Les principaux bénéfices : cette mission me permet de développer des compétences transverses, mais surtout d'être en contact avec le milieu de l'industrie spatiale dans lequel je souhaite faire carrière. Cette mission est donc une opportunité de me faire connaître auprès des industriels de ce secteur. »

Mathilde Bugel, doctorante laboratoire Trefle, ENSCPB à Pessac.

« Cette opportunité offerte aux doctorants leur permet d'élargir leur horizon, et de se confronter aux méthodes de travail de l'entreprise... Ils sont tout à fait armés pour cela puisqu'ils peuvent transférer leurs acquis en matière de recherche et de créativité à des problématiques de l'entreprise concernant, par exemple, l'innovation. »

Laurent Servant, directeur de l'école doctorale des sciences chimiques, université de Bordeaux.

L'identification des talents et la première immersion en entreprise

Les entreprises qui recherchent de manière récurrente des compétences doctorales ont intérêt à identifier dès le cycle du Master les potentiels désireux d'engager des doctorants et à les inviter en stage de dernière année de Master.

Cette première collaboration permet au futur doctorant de bénéficier d'une expérience en entreprise et de baigner dans la culture d'une entreprise avec laquelle il pourrait conduire ultérieurement son projet de recherche (en Cifre par exemple). Elle permet à l'entreprise de pleinement apprécier les qualités du candidat (notamment sa personnalité et son potentiel) et d'organiser efficacement les conditions de mise en œuvre d'une collaboration ultérieure (Cifre, missions doctorants-conseils…).

Les filières universitaires, dans le cadre de la redéfinition des parcours au sein du LMD, devraient de plus en plus organiser leurs cursus en autorisant des spécialisations et expériences professionnelles en entreprise (stages, apprentissage, contrats de professionnalisation…), alignant ainsi l'expérience des docteurs issus des filières purement universitaires sur celles des docteurs issus des écoles d'ingénieurs et de commerce. Pour les filières universitaires en Master, des orientations semblent se dégager autour des principes suivant :

- un socle de huit semestres sur un cœur de compétences (biologie, mathématiques, économie ou informatique par exemple) ;
- un neuvième semestre consacré soit à une spécialisation, soit à une double compétence favorisant une insertion professionnelle à l'issue du Master ;
- le dixième semestre se déclinant en stage ou en contrat de professionnalisation permettant de concilier la constitution d'une

base méthodologique solide préparant particulièrement bien à une première expérience professionnelle de recherche (que constitue le doctorat) et favorisant sa réalisation en entreprise.

Quand mécénat et recherche font bon ménage au bénéfice du doctorat

La loi Libertés et responsabilités des universités[1] (LRU) accorde une réduction d'impôts aux entreprises finançant des projets de recherche doctoraux. Ce nouveau dispositif permet aux entreprises qui financent des projets de recherche doctoraux dans le cadre du mécénat de doctorat de bénéficier d'une réduction d'impôt de 60 % des versements effectués (avec un plafonnement). Le décret d'application précisant ce dispositif de mécénat a été publié au *Journal Officiel* du 25 avril 2008.

Les écoles doctorales proposent et rendent publics les projets de recherche doctoraux. Les fonds versés par l'entreprise sont effectués pour le compte de l'école doctorale, soit auprès de l'établissement autorisé à délivrer le diplôme national de doctorat, soit auprès de la fondation universitaire créée au sein de cet établissement. Ils peuvent constituer tout ou partie de la rémunération perçue par le doctorant.

Ce mécénat est de nature à renforcer la relation entre l'entreprise donatrice et l'université (école doctorale et laboratoire), et bénéficie au projet doctoral du doctorant en créant l'opportunité d'une collaboration future (embauche, partenariat…).

3. Définir précisément les attentes de l'entreprise et apprécier correctement le potentiel et les apports du candidat

3.1. Personnaliser le cahier des charges et la grille de lecture des compétences

Il est tout d'abord indispensable de bien formaliser la définition de poste qui servira de guide au recruteur tout le long des différentes phases

---

1. Texte intégral de la LRU et du décret : http://www.enseignementsup-recherche.gouv.fr/.

du processus de recrutement et alimentera les annonces et les critères des moteurs de recherche. Cette étape est toujours fondamentale, mais il apparaît nécessaire d'y accorder d'autant plus d'importance que le recrutement du jeune docteur s'apparente davantage au recrutement d'une personne ayant déjà une première expérience professionnelle que d'un jeune débutant au profil relativement normalisé.

> *Témoignage* « Il faut savoir sortir des sentiers battus, abandonner certains stéréotypes ou habitudes de recrutement pour se concentrer sur les compétences apportées par le candidat, sa capacité à créer de la valeur en mettant tout son talent et ses capacités au service de l'entreprise, que ce soit dans la recherche ou dans tout autre domaine porteur d'innovation. »
>
> **Francisco de Ayguavives, thèse soutenue à SupOptique.**

Définir précisément les caractéristiques du poste

Les caractéristiques du poste et les exigences incontournables seront définies en évitant de reprendre à l'identique les fonctions d'un poste type ou du poste vacant.

Une bonne définition du poste commencera d'abord par une bonne identification des besoins réels et de toutes les contraintes associées, et sera formalisée par ce que nous pourrions considérer comme un mini-cahier des charges qui servira de base à la rédaction de l'offre d'emploi.

En ce qui concerne les compétences doctorales, l'expérience montre que plus la description de l'offre d'emploi est précise et complète, plus le nombre de candidats pouvant y répondre s'amenuise.

Il s'agit de trouver un bon compromis, notamment dans la définition des éventuelles exigences d'expertise, afin d'être en mesure d'émettre une offre précise, mais susceptible de générer un flux suffisant de candidatures. La définition de poste doit tenir en quelques lignes et aller à l'essentiel.

Il s'agit d'isoler dans un premier temps les quatre ou cinq éléments clés incontournables du poste, toute candidature ne répondant pas à l'un de ces critères étant automatiquement rejetée. Cela peut être une compétence technique (expertise dans tel type de céramique) ou une méthode de recherche, dans une catégorie de travaux de recherche ou, encore la maîtrise courante d'une langue. Cela peut être aussi des caractéristiques psychologiques : curiosité, créativité, leadership, conduite de projet, aptitudes commerciales qui pourront s'appuyer sur de premières expériences. Les caractéristiques de deuxième niveau qui ne présentent pas un caractère rédhibitoire serviront à distinguer des candidatures recevables lors de la sélection finale.

Un bon recrutement ne répond pas à une logique mécanique

Il faut, impérativement, notamment pour le recrutement de personnes à haut potentiel, dotées de fortes expertises et disposant d'une première expérience professionnelle, prendre de la distance avec la logique mécaniste des moteurs de recherche et de leurs critères de recherche.

Cette apparente facilité, pratique pour identifier des profils relativement normalisés (par exemple la recherche d'un bac + 5 issu d'une filière informatique pour pourvoir un poste d'ingénieur de développement dans une SSII), est souvent insuffisante, réductrice et peu pertinente pour chercher une expertise ou une capacité au management de l'innovation. Par ailleurs, l'abus d'un appel aux critères mécaniques ou au scoring affaiblit l'évaluation et l'analyse critiques du recruteur, tant en ce qui concerne les exigences du poste que les qualités intrinsèques du candidat. On ne conduit pas un recrutement en pensant trouver le candidat idoine comme on fait ses courses au supermarché.

> Le docteur doit savoir que l'entrepreneur n'engage pas un diplôme mais un individu, une personnalité.

Le bon candidat n'est pas forcément le meilleur candidat

Le candidat qui conviendra le mieux au poste n'est pas forcément celui qui réussit le mieux, notamment sur l'échelle d'évaluation académique.

Si l'entreprise recherche quelqu'un qui doit réfléchir et décider, se montrer entrepreneur dans sa pratique professionnelle, être moteur d'innovation dans son activité de recherche, d'expertise ou de management, s'approprier la culture et le projet d'entreprise, il faut impérativement sortir des procédures formelles qui sont – malheureusement – l'apanage de nos pratiques de recrutement.

L'attention du recruteur ne doit porter que sur l'essentiel (les compétences, la personnalité) et le potentiel, et faire passer au second plan les critères purement académiques (diplôme, filières, communications…) qui sont des indices, pas des garanties. Le recrutement est un acte de courage et de lucidité.

Exprimer un défi à relever plutôt qu'un besoin à servir

Le recruteur devra être en mesure de pouvoir exprimer exactement la nature de ce défi et préciser les conditions qui permettront de le relever. Le recrutement d'un expert ou d'un manager de l'innovation, à qui l'entreprise va demander sa contribution pour son innovation et sa transformation, doit être conduit par les futurs managers du candidat, la DRH étant en support de la démarche. Le meilleur candidat est en effet celui qui répond à votre véritable problématique, pas seulement aux critères de votre annonce.

La routine et le mécanisme formel sont les pires menaces pour un bon recrutement, surtout quand il s'agit de recruter un docteur. Ceci est une erreur courante, notamment quand on délègue complètement le recrutement à des agences extérieures.

Sentir les lignes de force essentielles du candidat

Il ne s'agit pas là de postes d'exécution pouvant être encadrés par des procédures, mais de postes clés dans les processus de décision et de création de valeur de l'entreprise. L'entreprise doit impérativement distinguer les candidats mus par le défi, l'excellence et l'engagement de ceux qui sont attirés par les titres et le confort d'une carrière sans risques et sans efforts. C'est ce qui crée la différence entre une compétence et une compétence porteuse d'innovation et créatrice de valeur ajoutée.

3.2. Faire abstraction du projet de recherche en appréciant les apports concrets du doctorat

L'importance du sujet de thèse mérite d'être très fortement relativisée dans la démarche de recrutement, tant pour le docteur que pour l'entreprise.

La préoccupation du docteur

Le docteur vient de soutenir sa thèse après plusieurs années de travail exigeant, au cours desquelles il a dû surmonter le doute, les incertitudes et les difficultés de travailler sur un projet original par définition plein d'aléas. Il lui est difficile de faire rapidement le « deuil de son doctorat » après une telle gestation. Aussi, il n'est pas surprenant – bien que cela soit totalement contre-productif – de voir certaines candidatures associées à des CV de plusieurs pages détaillant la moindre expérimentation ou communication scientifique. Cela est d'autant plus difficile que tout l'effort est tendu durant le doctorat sur ce type de communication et l'exhaustivité de la documentation.

> **Témoignage**
>
> «De façon globale, les sujets que je traite n'ont rien à voir avec mon sujet de recherche. Un peu par hasard, par contre, une nouvelle activité est parfaitement connexe avec ce que j'ai pu faire, et je peux donc aller discuter en direct sans avoir à me faire expliquer les choses...»
>
> **P.-D. B., docteur en optoélectronique,
> ingénieur d'affaires (R&D semi-conducteurs).**

Le recruteur doit se positionner en fonction de deux grands cas de figure :

- s'il recherche un chercheur : au cours de l'entretien, il y a un véritable intérêt à relier les travaux de recherche du docteur aux activités de recherche de l'entreprise. Il est essentiel de réviser l'ensemble des travaux en termes de bénéfices pour l'entreprise, et en termes de développement des compétences, aptitudes et expériences du candidat permettant de valoriser son potentiel dans la durée et sur un périmètre plus large que celui des travaux de recherche déjà menés ;
- s'il propose un poste de management de l'innovation qui peut être assez éloigné des activités de recherche : d'évidence, ce n'est pas sur l'objet de la recherche ni sur les travaux de recherche et les résultats qu'il faut se focaliser, mais sur ce que le docteur a développé concrètement comme qualités et expériences pouvant apporter un bénéfice à l'entreprise.

La préoccupation du recruteur

Le recruteur doit se concentrer sur les capacités du candidat au regard des attentes et exigences du poste et de la politique de développement de l'entreprise.

Même dans le cas d'un recrutement pour un poste de chercheur très spécialisé, le recruteur doit s'imposer de se détacher du sujet de recherche – et parfois en partie du champ disciplinaire –, pour se concentrer sur les capacités et les aptitudes, sur la personnalité et la compatibilité à la culture de l'entreprise et à ses métiers, sur le potentiel de développement personnel, sur l'engagement, la capacité d'écoute et de dialogue, la créativité…

Le recrutement est l'amorce d'un cycle de vie professionnelle qui va associer le collaborateur et l'entreprise pour un temps, en général indéfini (s'il s'agit d'un poste en CDI), au cours duquel de multiples événements vont mettre en jeu les capacités d'adaptation et de progression du collaborateur.

Il s'agit donc dans la prise de décision d'embauche d'ajuster un besoin moyen terme incertain et le service d'un besoin court terme clairement identifié, dans lequel le projet de recherche doctoral n'est qu'un élément parmi d'autres et souvent pas le plus important.

Le recruteur doit, comme pour le recrutement d'un candidat disposant d'une première expérience professionnelle, pouvoir dégager des appréciations pertinentes sur les capacités et aptitudes du candidat en s'appuyant sur l'expérience accumulée sur huit à dix ans (celle-ci correspond aux formations initiales jusqu'à bac + 5 et l'expérience professionnelle de recherche acquise pendant le doctorat).

> *Témoignage*
>
> « Le patron d'une PME privilégie la personnalité et la compétence sans se soucier outre mesure du diplôme. Les relations de confiance et de dialogue au sein d'une petite équipe favorisent les idées et les projets pour peu qu'ils soient en ligne avec la stratégie et les moyens de l'entreprise. Dès lors, vous devenez un vrai acteur de votre projet professionnel tout en créant de la valeur et des opportunités pour l'entreprise qui vous accueille. »
>
> **C.P., docteur en écologie.**

Le recruteur doit porter son attention :

- en priorité sur les qualités et les aptitudes qu'il considère comme indispensables pour la tenue du poste et une évolution de carrière possible dans l'entreprise ;
- puis sur les qualités et aptitudes majeures, mais sur lesquelles une faiblesse n'entraîne pas le rejet de la candidature. Les points critiques devront être identifiés et faire l'objet d'un plan d'accompagnement et d'une validation lors de la période d'essai ;
- enfin sur « l'accessoire » qui peut permettre de distinguer entre deux candidats de valeur.

Le recruteur doit avoir une grande prudence vis-à-vis des méthodes de scoring qui peuvent banaliser des critères qui devraient avoir des poids différents, masquer des points rédhibitoires, gauchir la caractérisation des exigences du poste si les critères n'ont pas été revalidés avec suffisamment d'attention pour le poste concerné.

3.3. Identifier les réseaux de compétences du docteur

Il est essentiel, dès la phase de recrutement, d'identifier et de cartographier les réseaux de compétences que le docteur s'est construit au cours de ses travaux de recherche.

Ces réseaux de recherche représentent, pour l'entreprise, un capital additionnel aux compétences et expertises propres du candidat. Matière vivante, ces réseaux doivent, pour ne pas mourir et apporter leurs lots d'informations, être activés et animés en permanence. Cette animation représentant une mobilisation partielle de ressources, l'entreprise doit identifier, en accord avec le collaborateur, les réseaux qui l'intéressent et sur lesquels elle souhaite maintenir un investissement par le biais du docteur, ou par d'autres têtes de réseaux, si le docteur consent à faire bénéficier son nouvel employeur de ses réseaux personnels.

Il est impératif – pour l'entreprise et pour le collaborateur – de trouver dans la confiance un bon compromis qui évite au docteur de se sentir dépossédé d'un patrimoine qu'il a contribué à créer, et à l'entreprise de vivre une dépendance à travers un filtre d'accès à des réseaux de compétences qui peuvent être cruciaux pour elle.

Le transfert de réseaux doit être organisé avec une implication personnelle forte et un appui actif du collaborateur afin de conserver la ligne de confiance et de légitimité ; le collaborateur pouvant rester un référent en cas de difficultés.

Comme dans toute autre activité, il est important de fixer des règles de fonctionnement et des objectifs, afin notamment de protéger le patrimoine de l'entreprise des appétits de concurrents, d'éviter un éparpillement sur des sujets non prioritaires, de maintenir la tentation d'une sorte d'œcuménisme académique qui n'a aucune raison d'être.

Le recruteur va devoir aider le docteur à transposer son mode de fonctionnement, pour une part largement personnel et autonome, dans un environnement disposant d'autres règles collectives (respect des procédures de l'entreprise liées à la sécurité des systèmes d'information, à la protection du patrimoine et de la propriété intellectuelle, reporting, alertes…).

4. Réussir l'intégration du jeune docteur

4.1. Qualifier les modalités d'une insertion réussie dans l'entreprise

Recruter un docteur, c'est procéder à un recrutement sur-mesure. Aussi, les conditions de l'insertion réussie d'un docteur dans l'entreprise se définissent en amont, dès l'ouverture du poste, et se précisent lors des différents entretiens qui conduiront à l'embauche. En effet, un docteur est probablement moins substituable à un autre lors de sa première embauche (thème et méthodes de recherche pour les chercheurs, profil spécifique pour les managers de l'innovation).

La sélection du candidat docteur s'effectue à la suite de plusieurs entretiens avec ses futurs managers au cours d'un processus généralement plus long que celui des cadres bac + 5. Ce processus permet d'évoquer, parfois de manière très détaillée, non seulement des caractéristiques du poste mais aussi les objectifs poursuivis, les méthodes, l'organisation du service, les modes de fonctionnement…

La qualité de cette qualification pendant les phases de recrutement sécurise la réussite de l'intégration, le candidat ayant déjà appréhendé ses conditions de travail et identifié un certain nombre de points sur lesquels il devra porter ses efforts et sa vigilance.

4.2. Reconnaître à sa juste valeur les apports et l'expérience du jeune docteur

Une valorisation des apports et de l'expérience plus personnalisée

Le choix de recruter un docteur est un acte réfléchi qui conduit à apprécier ses compétences et aptitudes lors des phases de recrutement, puis de conforter cette appréciation lors de la période d'essai.

Nous avons vu précédemment que le recrutement d'un docteur, cadre bénéficiant d'une première expérience professionnelle de recherche, s'apparente en général plus au recrutement d'un cadre expérimenté non docteur, que d'un jeune cadre débutant ; l'entreprise se concentrant essentiellement sur les compétences, l'expérience et le potentiel et ensuite seulement sur le diplôme d'origine.

Dès lors, il s'agit d'être cohérent dans les analyses et les choix effectués lors de l'embauche. L'objectif est d'apprécier à sa juste mesure les apports et l'expérience spécifique du docteur, en faisant attention à ne pas procéder à une banalisation excessive par le jeu de l'application des normes et critères liés à une application mécanique des politiques de ressources humaines.

La gestion par niveaux de diplômes et grandes catégories homogènes de profils, qui reste globalement adaptée jusqu'à des formations bac + 5, a souvent quelques difficultés à rendre la subtilité des expériences doctorales plus riches, moins homogènes et moins normalisées.

Gérer la maturité

Bien que disposant encore d'une expérience limitée, notamment au regard parfois des métiers exercés par l'entreprise, le docteur n'est déjà plus un débutant, mais un salarié expérimenté âgé d'une trentaine d'années. Le management doit prendre en compte ces aspects qui distinguent les docteurs de populations plus jeunes.

4.3. Construire le socle du futur parcours professionnel du jeune docteur

Le parcours d'un jeune cadre diplômé de l'enseignement supérieur est construit à l'issue du Master sur une période généralement de cinq à six années au cours desquelles il va construire les fondations sur lesquelles il pourra développer pleinement son projet professionnel vers le management ou l'expertise.

Le docteur, ayant été amené à construire ses fondations au cours d'une première expérience professionnelle incontestable de recherche sanctionnée par le doctorat, s'inscrit pleinement dans ce schéma. Cette expérience peut être réalisée conjointement au sein d'une entreprise et d'un laboratoire (cas d'une Cifre par exemple).

Le point d'inflexion qui balise le devenir professionnel du docteur et le choix d'une filière dominante – management de l'innovation ou expertise – se situe en pratique autour de la trentaine.

C'est pourquoi le docteur qui souhaite rejoindre l'entreprise doit être vigilant à ne pas laisser s'éterniser la durée de son doctorat. Celui-ci doit impérativement rester dans une fourchette de trois à quatre ans pour être à même de s'inscrire naturellement dans les logiques de progression de carrières de l'ensemble des cadres de l'entreprise.

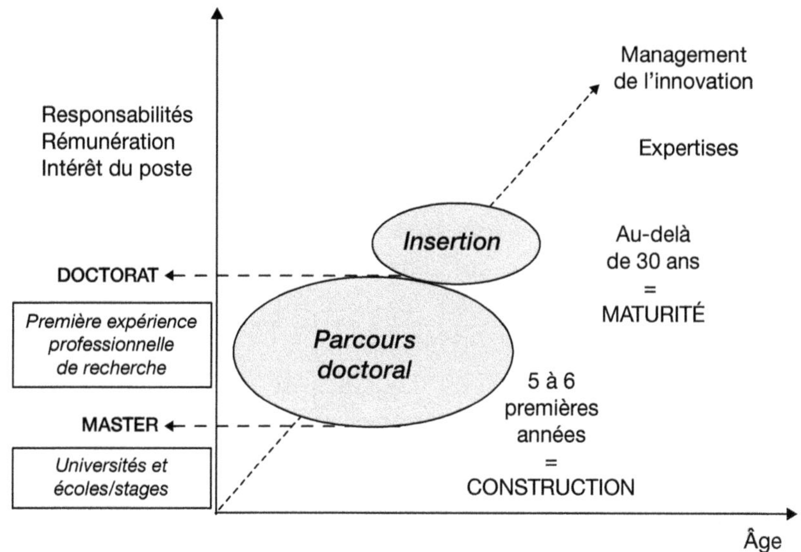

Figure 4.1 – L'évolution professionnelle du docteur

Les parcours de construction entre un Master intégrant immédiatement l'entreprise et un docteur ayant développé sa première expérience professionnelle de recherche (doctorat) en lien avec l'entreprise (Cifre par exemple) présentent, malgré les apports spécifiques à chaque expérience, des analogies dont le recruteur doit tenir compte lors de l'embauche (positionnement et rémunération) et au cours du développement professionnel ultérieur.

Il appartient à chaque entreprise d'apprécier et de valoriser au cas par cas la qualité de l'expérience professionnelle acquise par le docteur au cours de son doctorat, au regard de ses activités et du poste proposé, de la même manière que l'on apprécie et valorise les expériences professionnelles dans une autre structure.

Nous accueillons avec beaucoup d'espoir les dispositions de formations continues adaptées au monde de l'entreprise que de nombreuses écoles doctorales mettent en œuvre (comme par exemple l'UPMC ou ParisTech). Celles-ci viendront enrichir le socle de capacités et de compétences du jeune docteur, favorisant sa poursuite de carrière et le déroulement de son parcours professionnel ultérieur au sein de l'entreprise.

4.4. Apporter au docteur les compétences managériales nécessaires

Continuer à se former et à développer son potentiel

Quels que soient sa formation et son parcours initial, un jeune cadre doit être accompagné – notamment lors de la phase de construction de ses bases professionnelles – pour acquérir les compétences managériales et d'expertises nécessaires pour exercer pleinement ses fonctions.

«Les maîtres ouvrent la porte, mais c'est à toi d'entrer.»

Proverbe chinois

Les modalités de cet accompagnement sont multiples: formations continues s'inscrivant dans des cursus cohérents avec les mises en situation, effort personnel par l'auto-formation, lecture, acquisition de savoir-faire et de savoir être au contact des managers et des autres collaborateurs et/ou au sein de projets, pilotage hiérarchique ou d'un tuteur référent, coaching hors hiérarchie…

Toutes ces mises en situation constituent autant de modes d'acquisition ou d'accompagnement au sein de systèmes plus ou moins structurés s'exerçant pour certains grands groupes dans le cadre de véritables universités internes.

Il s'agira pour le manager, en s'appuyant notamment sur les entretiens individuels de carrière et sur les dispositifs d'évaluation des performances, et avec l'appui éventuel de la direction des ressources humaines:

- de bien connaître les caractéristiques, les expériences, les compétences de chaque collaborateur dès son insertion dans l'entreprise;

- d'identifier les besoins ou les écarts pour accéder ou servir le poste ou la fonction dans des conditions optimales, sécurisées et permettant des alternatives en cas de situations d'échec;

- d'évaluer son potentiel et ses aspirations, ainsi que leur cohérence avec les opportunités et les logiques de développement de carrières;

* d'anticiper les futures évolutions de métiers, comme par exemple de passage de la recherche à un autre métier au sein de l'entreprise ou la mise en situation managériale.

Quelques recommandations managériales pour gérer le « vivier de jeunes talents »

Les docteurs sont des jeunes talents à haut potentiel qui, comme les voitures de formule 1, doivent être pilotés et accompagnés avec « tact et intelligence » pour leur permettre de donner toute leur dimension. Il faut savoir prendre des risques pour mettre de jeunes talents en situation sans « les griller » prématurément.

> Le docteur est par essence créatif et autonome, et en cela il est le garant des potentialités d'innovation.

Le développement du projet professionnel et la mise en situation doivent s'appuyer toujours sur les points forts du collaborateur, et s'effectuer par des étapes successives et des situations contiguës.

La mise en situation est associée à des objectifs précis, ambitieux mais réalistes, cadencés dans le temps.

La mise en situation de management doit se faire en temps opportun, avec probablement une phase d'observation plus longue que celle d'un jeune diplômé bac + 5 – qui aura pu démontrer certaines capacités et aptitudes pendant que le doctorant a conduit sa première expérience professionnelle de recherche. Le docteur compense ce « handicap » par le développement de nombreuses capacités et aptitudes développées dans le mode projet que constitue le doctorat. Il est indispensable pour le manager de prendre en compte l'ensemble de ces paramètres pour les mises en situation, l'accès aux responsabilités et les promotions.

Comme pour tous les jeunes collaborateurs, un plan de pilotage et d'assistance sécurise la mise en situation du collaborateur, et un changement majeur de métier ou de fonction doit toujours être associé à une période probatoire autorisant la réversibilité.

Pour autant, un docteur a été habitué à relever des défis, en prenant des risques qu'il s'est efforcé de maîtriser. Il peut être contre-productif de lui faire comprendre, lorsqu'il rejoint l'entreprise, qu'il lui faut connaître celle-ci, ses hommes et ses méthodes, avant de prétendre prendre la responsabilité d'une tâche.

Il acquerra beaucoup plus vite et de façon plus naturelle cette connaissance des capacités de l'entreprise et de ses modes de fonctionnement s'il est confronté d'emblée à un problème difficile, sur lequel l'entreprise bute. Le défi est un moteur très puissant pour le jeune docteur.

Annexes

Glossaire

AERES (Agence d'évaluation de la recherche et de l'enseignement supérieur) : créée par la loi de programme pour la recherche du 18 avril 2006, l'AERES a pour missions d'évaluer les établissements de recherche et les établissements d'enseignement supérieur, les activités conduites par les unités de recherche de ces établissements, les formations et les diplômes de l'enseignement supérieur et enfin les procédures d'évaluation des personnels des établissements de recherche.

Annuaires d'écoles doctorales : à l'instar des écoles d'ingénieurs, et de commerce, de plus en plus d'écoles doctorales publient des annuaires de leurs doctorants et de leurs diplômés. Ces annuaires sont un bon moyen de se faire connaître des entreprises et des cabinets de conseils en recrutement.

ANR (Agence nationale pour la recherche) : établissement public à caractère administratif créé le 1er janvier 2007, l'ANR est une agence de financement de projets de recherche. Son objectif est d'accroître le nombre de projets de recherche venant de toute la communauté scientifique, financés après mise en concurrence et évaluation par les pairs. L'ANR s'adresse à la fois aux établissements publics de recherche et aux entreprises avec une double mission : produire de nouvelles connaissances et favoriser les interactions entre laboratoires publics et laboratoires d'entreprise en développant les partenariats.

ANRT (Association nationale de la recherche et de la technologie) : elle a pour objectif d'aider à améliorer l'efficacité du système de recherche et d'innovation. L'action de l'ANRT consiste à proposer aux acteurs de l'innovation des outils d'échange et de concertation afin de faciliter la coopération entre laboratoires de recherche et entreprises, entre disciplines, entre concurrents, entre pays... L'ANRT est en charge de la gestion des conventions Cifre.

Apec (Association pour l'emploi des cadres) : association paritaire, l'Apec conseille les professionnels des ressources humaines mais aussi les managers opérationnels et les dirigeants de PME-PMI pour leurs recrutements de cadres. Près de 600 professionnels du recrutement sont à leur service partout en France pour les aider à comprendre le marché de l'emploi cadre, définir les compétences qu'ils recherchent et entrer en contact avec des candidats dont les profils correspondent aux postes à pourvoir. Elle apporte une réponse adaptée aux besoins des entreprises et à leur volume de recrutement. D'autre part, l'Apec accompagne les cadres, en activité ou en recherche d'emploi, à toutes les étapes de leur évolution professionnelle. Elle les aide à identifier leur problématique, évaluer leurs compétences, leur champ de prospection et à bien orchestrer leur recherche. Elle facilite également l'insertion des jeunes diplômés de l'enseignement supérieur en leur proposant des conseils et des méthodes adaptés à leur situation et à leur profil. L'Apec a développé des compétences spécialisées en matière d'emploi des docteurs en entreprise.

Association Bernard Gregory (ABG) : créée en 1980, l'ABG a pour mission de promouvoir la formation par la recherche dans le monde socio-économique et d'aider à l'insertion professionnelle en entreprise des jeunes docteurs de toutes disciplines. Elle est soutenue notamment par le ministère de l'Enseignement supérieur et de la Recherche, le ministère des Affaires étrangères et de grands organismes de recherche tels que le CNRS, le CEA… L'ABG dispose d'un dense réseau associant PRES, écoles doctorales et de nombreuses entreprises partenaires parmi lesquelles de très grandes entreprises comme Alcan, Danone, France Telecom, Lafarge, L'Oréal, Renault, Saint-Gobain, Sanofi-Adventis, Total mais aussi des PME innovantes représentatives de tous les grands secteurs d'activité qui s'investissent dans la recherche et l'innovation. L'ABG est habilitée à recevoir des versements de la taxe d'apprentissage au titre du hors quota catégorie C (et B par cumul).

Associations de docteurs et de doctorants : il existe de très nombreuses associations de docteurs et de doctorants organisées sur des logiques thématiques (Association nationale des candidats aux métiers de la sciences politiques, Association des doctorants et docteurs en biologie de Bordeaux…), territoriales (Association des doctorants et docteurs d'Alsace, Association des docteurs et doctorants de la Réunion…)

ou par établissement (Association des doctorants de l'Institut Curie, Association des doctorants de l'École polytechnique X'Doc…). Elles assurent la représentation des doctorants et des docteurs qui en sont membres. Elles sont organisées en réseaux coopératifs et dynamiques et souvent regroupées au sein d'une structure nationale comme la Confédération des jeunes chercheurs. Il existe également la Guilde des doctorants qui met en commun sur le réseau Internet de multiples informations pratiques et ressources consacrées au doctorat. Enfin, l'ANDèS (l'Association nationale des docteurs ès sciences) rassemble les docteurs scientifiques de toutes disciplines, quels que soient leur âge, leur statut professionnel, qu'ils résident en France ou à l'étranger. Ces associations agissent pour l'amélioration du doctorat et pour la reconnaissance des compétences doctorales.

Branche professionnelle : regroupe les entreprises d'un même secteur d'activité et relevant d'un accord ou d'une convention collective (assurances, banque, chimie, métallurgie…). De nombreuses branches ont mis en place des observatoires prospectifs et des référentiels métiers (ex. : l'Observatoire prospectif des métiers et des qualifications des industries chimiques, l'Observatoire des métiers, de l'emploi et de la formation des entreprises du médicament, Observatoire prospectif et analytique des métiers et qualifications de la métallurgie…).

Campus manager : responsable relations écoles/chargé des relations écoles au sein d'une entreprise.

Chercheur : « Spécialiste travaillant à la conception ou à la création de connaissances, de produits, de procédés, de méthodes et de systèmes nouveaux et à la gestion des projets concernés » (Manuel de Frascati, OCDE). En recherche fondamentale, le chercheur conçoit et conduit des projets de recherche concernant l'acquisition de connaissances abstraites ou spéculatives. Il vérifie des hypothèses par des expérimentations appropriées. Il élabore et organise les interprétations théoriques des expériences et des analyses. Il rend compte de ses travaux et de ses découvertes par divers moyens de diffusion (publications, conférences…). Le chercheur a des horaires irréguliers et il peut effectuer des déplacements (conférences par ex.). Des connaissances en informatique sont indispensables. Dans le domaine de la recherche appliquée, le chercheur effectue les travaux de conception et de développement des nouveaux produits ou des nouveaux procédés en milieu industriel. Il est plutôt spécialisé dans un service ou un laboratoire d'une grande entreprise, et plutôt polyvalent dans une PME. Que ce soit en recherche fondamentale ou appliquée, on ne peut pas travailler dans la recherche sans savoir lire, écrire, parler l'anglais. Les qualités requises pour être chercheur sont une propension à l'innovation, à l'originalité des recherches effectuées. Le chercheur doit savoir maîtriser un certain nombre d'outils utilisant généralement des techniques de pointes. Il doit savoir communiquer pour publier ses résultats dans un contexte international. Les chercheurs travaillent dans des organismes publics de recherche (CNRS, CEA…), des établissements à caractère industriel et commercial (comme le CNES – Centre national d'études spatiales) ou des entreprises privées industrielles ou pharmaceutiques par exemple. Ils peuvent également travailler comme enseignant chercheur à l'université. Il est difficile de bien cerner le métier de chercheur tant les domaines de recherche sont diversifiés et impliquent d'importantes différences dans la pratique de ce métier au sein de chaque secteur d'activité et de chaque entreprise.

Cifre (Convention industrielle de formation pour la recherche) : convention tripartite entreprise/laboratoire/doctorant permettant le financement d'un projet doctoral par une entreprise sur un sujet défini et suivi en commun par l'entreprise et le laboratoire d'accueil. Les conventions sont gérées par l'ANRT.

Classifications : les classifications professionnelles des conventions collectives ont pour objet de hiérarchiser les postes de travail en fonction de leurs caractéristiques et des compétences acquises pour les occuper. Si la détention d'un titre de docteur ou d'un niveau de formation équivalent peut faire partie des compétences requises pour occuper un poste défini pour la classification d'une convention collective, à l'inverse, la possession d'un tel titre ou d'un tel niveau ne peut entraîner l'attribution automatique d'un niveau hiérarchique déterminé dans la classification. Seule l'occupation effective du poste correspondant à ce niveau peut y conduire.

Communications scientifiques : le doute est l'essence même de la vie du chercheur, qui se nourrit d'observations, de formulations, d'hypothèses mises à l'épreuve par l'expérimentation de confrontations avec les travaux des autres équipes de recherche. Durant le doctorat, il est indispensable de réaliser des communications et de publier des articles dans des revues à comité de lecture et dans des revues spécialisées et de consacrer beaucoup de temps à la lecture de publications scientifiques. Chaque fois que possible, le chercheur participe à des colloques au plan international. Cela lui permet de savoir ce qui se passe dans d'autres laboratoires, d'entrevoir de nouvelles directions de recherche, mais aussi de faire connaître ses travaux.

Compétences professionnelles : « La compétence professionnelle est une combinaison de connaissances, de savoir-faire, expériences et comportement, s'exerçant dans un contexte précis. Elle se constate lors de sa mise en œuvre en situation professionnelle, à partir de laquelle elle est validable. C'est donc à l'entreprise qu'il appartient de la repérer, de l'évaluer, de la valider et de la faire évaluer. » (MEDEF)

Définition de poste : ensemble des missions principales et secondaires qui sont affectées à un métier dans l'entreprise. La définition du poste permet de définir le profil requis tant sur le plan des compétences que sur celui de la personnalité.

Docteur : désigne le titre du titulaire d'un doctorat.

Doctorat : le doctorat est le grade universitaire le plus élevé au sein du dispositif LMD. Le titulaire de ce grade est le docteur. Selon les pays, le doctorat peut être un grade d'État (cas en France, en Russie) ou un grade d'établissement (cas aux États-Unis, au Royaume Uni), régi de manière globale, ou par discipline. Abréviations internationales les plus courantes : Ph.D (Doctor of Philosophy au sens anglo-saxon), EngD (Doctor of Engineering), DBA (Doctor of Business Administration), Ed.D (Doctor of Education), D.A. (Doctor of Arts)…

Doctorant : en France, jeune chercheur menant un projet de recherche sur une durée en principe de trois ans, qui comprend la rédaction et la soutenance d'une thèse dans le but d'obtenir le grade de docteur.

Doctorant-conseil : nouveau dispositif, proposé depuis l'année universitaire 2007-2008 aux entreprises avec la possibilité de faire appel ponctuellement aux compétences des doctorants en permettant « aux doctorants de mettre en application leurs compétences de jeunes chercheurs, d'enrichir leur formation et de préparer la suite de leur vie professionnelle, à l'entreprise de se tourner vers le monde de la recherche et de mieux connaître (et reconnaître) les forces vives que sont les jeunes chercheurs ».

Écoles doctorales : au sein des PRES et universités, les écoles doctorales rassemblent des unités et des équipes de recherche reconnues après une évaluation nationale, autour de la mise en œuvre des missions suivantes : organisation de la formation continue des doctorants et préparation de leur devenir, apport aux doctorants d'une culture pluridisciplinaire dans le cadre d'un projet scientifique cohérent, mise en cohérence et en visibilité internationale de l'offre de formation doctorale des établissements, structuration des sites.

EPST : Établissement public à caractère scientifique et technologique (CNRS, Inra, Inria ou Inserm).

Licence Master Doctorat (dispositif LMD) : application au système français d'enseignement supérieur des normes de la construction de l'Espace européen de l'enseignement supérieur liée au processus de Bologne.

Master : diplôme universitaire sanctionnant une formation bac +5 reconnaissant une haute expertise dans un domaine académique ou professionnel à l'issue d'une formation théorique poussée et de la préparation d'un travail de recherche en laboratoire (master « recherche ») ou d'un projet au sein d'un organisme ou d'une entreprise (master « professionnel »).

Pôles de compétitivité : un pôle de compétitivité est une combinaison, sur un espace géographique donné, d'entreprises, de centres de formation et d'unités de recherche publiques ou privées engagés dans une synergie autour de projets communs au caractère innovant. Ce partenariat s'organise autour d'un marché et d'un domaine technologique et scientifique qui lui est attaché. Il doit rechercher une masse critique pour atteindre une compétitivité et une visibilité internationale.

Pôles de recherche et d'enseignement supérieur (PRES) : la loi de programme du 18 avril 2006 sur la recherche, en créant les pôles de recherche et d'enseignement supérieur, a offert à la communauté universitaire et aux grandes écoles associées un nouvel outil de mutualisation de leurs activités et de leurs moyens et a créé ainsi une vraie dynamique dont les effets se traduisent en projets concrets en termes de compétences et en termes de moyens. Les PRES sont conçus comme un instrument de promotion des établissements membres et un moyen, pour eux, de prendre place dans la compétition scientifique internationale. La délégation de compétences au PRES s'est accompagnée d'un transfert de moyens, notamment financiers et humains, des établissements fondateurs.

Réseaux sociaux sur Internet : le réseautage social se rapporte à une catégorie d'applications d'Internet pour aider à relier des amis, des associés ou d'autres individus employant ensemble une variété d'outils, ou partageant des informations ou des points d'intérêts. Ces applications, connues sous le nom de « service de réseautage social en ligne » (en anglais social networking) deviennent de plus en plus populaires (MySpace, Facebook, Bebo, Orkut…). Elles peuvent aussi se rapporter au champ du recrutement de la gestion des carrières professionnelles (coaching professionnel) avec des réseaux professionnels spécialisés comme LinkedIn (qui vient de conclure un accord de partenariat avec l'APEC), Viadeo, Xelid, Xing…

Salons de recrutement : il existe de très nombreux salons de recrutement destinés à favoriser la rencontre entre les candidats et les entreprises qui souhaitent embaucher par métiers, par formations, filières ou établissements de formation, par localisation géographique. Certains concernent plus particulièrement les docteurs et doctorants : Salon Européen de la Recherche et de l'Innovation, Salon(s) des thèses, Forum parisien de l'emploi des docteurs organisé par l'ABG et la Ville de Paris.

Service d'activités industrielles et commerciales (SAIC) : service universitaire en charge d'assister les laboratoires et les chercheurs dans toutes les démarches liées à la valorisation de la recherche, aux relations entre les laboratoires et les entreprises et aux autres activités de commercialisation.

Service universitaire d'information et d'orientation (SUIO) : service universitaire en charge d'informer les étudiants sur les débouchés des formations universitaires, les métiers et l'insertion professionnelle, d'assister les étudiants dans la construction de leur projet professionnel, de structurer les relations entre les universités et les entreprises en matière d'emploi et d'insertion professionnelle (candidatures, forums, conférences…).

Soutenance de la thèse : conclusion du parcours doctoral de recherche, le doctorant après avis favorable de rapporteurs extérieurs à l'université, présente son travail oralement devant un jury composé de chercheurs confirmés du domaine, la présentation étant suivie d'un entretien et de questions. La soutenance n'est pas un examen : il s'agit plutôt d'une reconnaissance de la valeur du travail effectué et d'une intronisation (reconnaissance de la valeur du jeune chercheur par ses pairs). Il arrive exceptionnellement que le titre de docteur soit refusé à l'issue de la soutenance.

Sujet et conditions de réalisation du doctorat : le directeur de thèse et le candidat définissent un projet de recherche et évoquent les conditions nécessaires à sa réalisation en portant une attention particulière à l'avenir professionnel envisagé par le doctorant et aux moyens financiers dont il pourra disposer pour mener à bien ses recherches. Le directeur de thèse discute régulièrement avec le doctorant pour faire le point sur l'avancée de son projet et lui faire profiter de son expérience. Le domaine de la recherche étant un domaine d'innovation, le projet n'a bien souvent pas ou peu été étudié auparavant : les travaux peuvent ne pas aboutir sur des résultats « positifs » ou pratiques. L'essentiel est que le doctorant ait mené une démarche de recherche et qu'il ait fait progresser les connaissances et la réflexion sur le sujet.

Unité de formation et de recherche (UFR) : unité gérant l'offre de formation et de recherche d'une discipline (UFR de biologie, de mathématiques, de sciences humaines…) dans une université.

Unité mixte de recherche (UMR) : unité de recherche commune entre une université et le CNRS, dotée d'une tutelle et de moyens humains et financiers communs de la part des deux organismes partenaires.

Unité propre de recherche (UPR) : unité de recherche du CNRS indépendante de l'université.

Les docteurs en France : état des lieux

Il ne semble pas superflu de rappeler ce que sont un docteur et un doctorant, et de se remémorer quelques chiffres clés pour contribuer à sortir ces compétences d'exception de l'anonymat social qui est, hélas, une caractéristique de leur situation en France, contrairement au prestige dont jouissent les docteurs dans le reste du monde.

Docteurs, doctorats, doctorants, thèses, de qui et de quoi s'agit-il ?

Le terme docteur désigne le titre du titulaire d'un doctorat (doctorat en droit, doctorat en sociologie, doctorat en mathématiques…).

Le doctorat est un titre universitaire, grade d'État comme en France ou en Russie, ou grade d'établissement (notamment dans les pays anglo-saxons). Le doctorat est une première expérience professionnelle de recherche, suivie de la rédaction d'une thèse et de sa soutenance devant un jury d'experts.

L'application au système français d'enseignement supérieur de la construction de l'Espace européen de l'enseignement supérieur – dit « processus de Bologne » – s'est traduite par la mise en place progressive depuis 1998 d'un nouveau modèle Licence/Master/Doctorat dont l'architecture s'appuie sur une logique de grades universitaires (voir la figure 1).

Pour postuler sur un projet de recherche doctorale, les candidats doivent être titulaires d'un diplôme conférant le grade de Master (titre universitaire, d'ingénieur ou diplôme d'école supérieure de commerce). La durée de préparation du doctorat est en règle générale de trois ans.

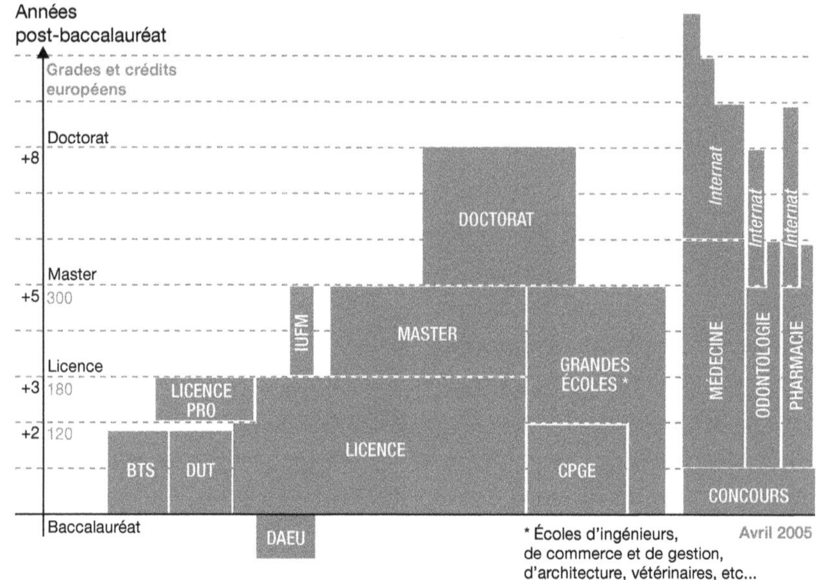

Figure 1 – Le système français d'enseignement supérieur

Le doctorant est, en France, un jeune chercheur menant un projet de recherche sur une durée en principe de trois ans, qui comprend la rédaction et la soutenance d'une thèse devant un jury d'experts nationaux et/ou internationaux. Depuis la loi de programme pour la recherche du 18 avril 2006, le doctorant est reconnu comme un professionnel de la recherche à part entière, et non plus comme un étudiant en cours de formation, le doctorat constituant « une expérience professionnelle de recherche, sanctionnée, après soutenance de thèse, par la collation du grade de docteur ». Ceci est en cohérence avec les principes de la Charte européenne du chercheur qui indique que les organismes employant des doctorants devraient leur garantir des conditions salariales équitables et une protection sociale appropriée.

En France, le statut social normal d'un doctorant devrait donc être celui d'un salarié inscrit dans une université, relevant du droit public, ou du droit privé comme pour les Conventions industrielles de formation par la recherche en entreprise (Cifre), payé pour son travail de recherche. Pour autant, tous les établissements n'ont pas encore mis en accord leurs pratiques avec la loi et certains continuent de recruter des doctorants sans contrat de travail. Ces derniers doivent alors exercer une autre activité professionnelle (vacations d'enseignement par exemple) pour disposer d'un revenu. La mise en place récente d'une formule générique de « contrat doctoral » suffisamment souple pour pouvoir s'adapter aux différentes modalités de mise en œuvre du travail de recherche du doctorant devrait avoir pour conséquence de se mettre en cohérence avec le caractère professionnel du parcours de doctorat et de normaliser des situations injustes ou incohérentes.

La thèse de doctorat qui ouvre droit au titre de docteur, est un dossier résumant un travail de recherche universitaire. Le projet de recherche d'un doctorant se déroule sous la responsabilité d'un directeur de thèse ayant le rôle de chef de projet et d'interlocuteur scientifique expérimenté. Le doctorant travaillant en principe sur un sujet de pointe, il devient un spécialiste de ce sujet au niveau international.

Tout au long de son projet de recherche, le doctorant est encadré et soutenu par un laboratoire et une école doctorale. Ces derniers sont accrédités par le Ministère après évaluation par des experts nationaux et internationaux. Les écoles doctorales (dites souvent ED) assurent les missions suivantes : organisation de la formation continue des doctorants et préparation de leur devenir, apport aux doctorants d'une culture pluridisciplinaire dans le cadre d'un projet scientifique, mise en cohérence et en visibilité internationale de l'offre de formation doctorale des établissements.

Quelques repères

Les doctorats délivrés en France et la répartition par discipline

Environ 10 000 docteurs sont diplômés chaque année en France au sein de 295 écoles doctorales pour une population globale d'environ 200 000 docteurs (à titre comparatif, environ 25 000 ingénieurs sont diplômés chaque année). Les docteurs représentent en 2004 1,3 % d'une classe d'âge, à comparer aux 2,8 % en Allemagne, 1,8 % au Royaume-Uni et à environ 1,5 % pour l'Europe des 15.

En 2005, 60 % des diplômés l'ont été en sciences, et 25 % en lettres, langues et sciences humaines. 12 % des doctorants ont soutenu une thèse de droit/sciences économiques/AES (administration, économie sociale) et 3 % dans la filière santé.

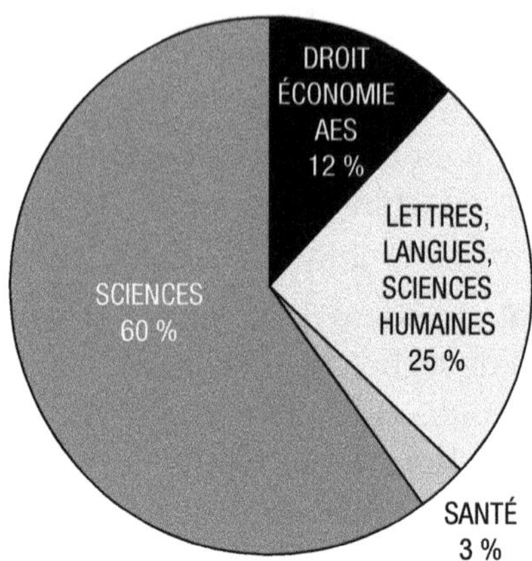

Figure 2 – Répartition par discipline des doctorats délivrés
(2004-2005)

Le devenir professionnel des docteurs

Toutes disciplines confondues, un tiers des nouveaux docteurs rejoint le secteur privé chaque année (ils sont 38 % trois ans après, dont la moitié comme chercheurs).

Ainsi, 60 % des 10 000 diplômés sont issus des filières scientifiques pour lesquelles la demande des entreprises est structurellement supérieure à l'offre. Le pourcentage de ceux qui détiennent un emploi de chercheur ou cadre dans le privé varie de 68 % dans l'informatique à 25 % en lettres-sciences humaines.

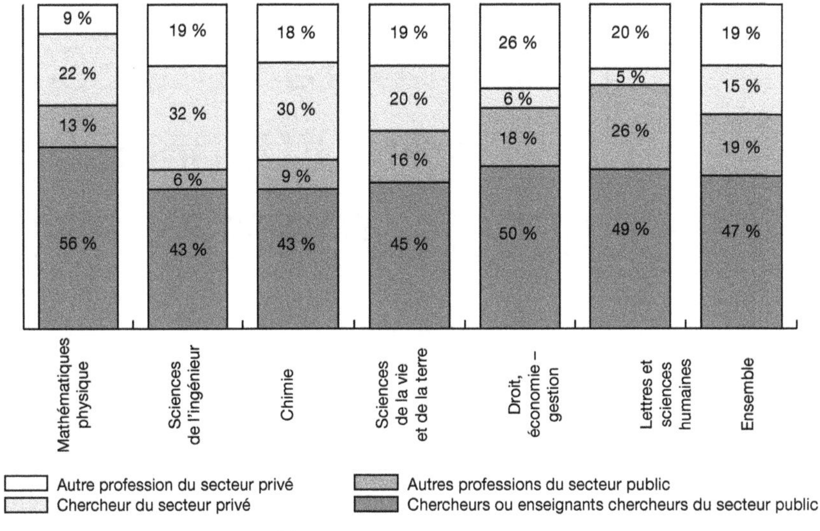

Source : Enquête « Génération 2001 » CEREQ

Figure 3 – Les débouchés des jeunes docteurs en 2004

À titre indicatif, sur un panel d'environ un millier de recrutements, le salaire moyen des jeunes docteurs dans le secteur privé s'établissait selon le service emploi de l'ABG autour de 36 000 € en 2007, avec cependant de fortes variations selon les disciplines et les expériences professionnelles des candidats.

Le parcours de thèse : définition, organisation, expérience professionnelle

Le doctorat est une expérience professionnelle de recherche, sanctionnée, après soutenance d'une thèse, par l'obtention du grade de docteur. L'essentiel de l'activité doctorale consiste en un travail de recherche novateur, supervisé par un directeur de recherches, au sein d'un laboratoire. Elle se conclut par la rédaction d'une thèse qui constitue la validation d'un travail scientifique ayant permis la construction et l'acquisition de savoirs, de savoir-faire et d'outils méthodologiques, valorisables tant dans le service public d'enseignement supérieur et de recherche que dans l'ensemble du tissu socio-économique.

Si la soutenance de la thèse de doctorat de recherche répond à des normes bien précises et très proches quels que soient le domaine d'expertise et le sujet retenu, les phases amont de recherche et de préparation du doctorat sont dans la pratique très différentes selon la discipline et les méthodes appliquées, le sujet de thèse, les conditions dans lesquelles se déroule la recherche du doctorant. Si les parcours sont pluriels, les doctorants partagent un certain nombre de points communs dont les caractéristiques sont :

- un parcours difficile, semé de doutes et d'incertitudes, puisque l'objet de la démarche doctorale est un travail de recherche original sur une problématique à défricher. Ce parcours riche et exigeant va permettre au doctorant de construire progressivement son expérience professionnelle par une recherche rigoureuse, par une analyse critique et constructive associée à la mise en œuvre d'une méthodologie scientifique dans notamment la collecte et le tri des données, la modélisation, l'expérimentation, la documentation, la construction d'outils qui seront tout au long du parcours soumis à la critique et à la validation des meilleures compétences du domaine d'expertise ;

• un parcours dont les résultats et les méthodes de travail seront sanctionnés par un jury très compétent et indépendant lors de la phase de soutenance.

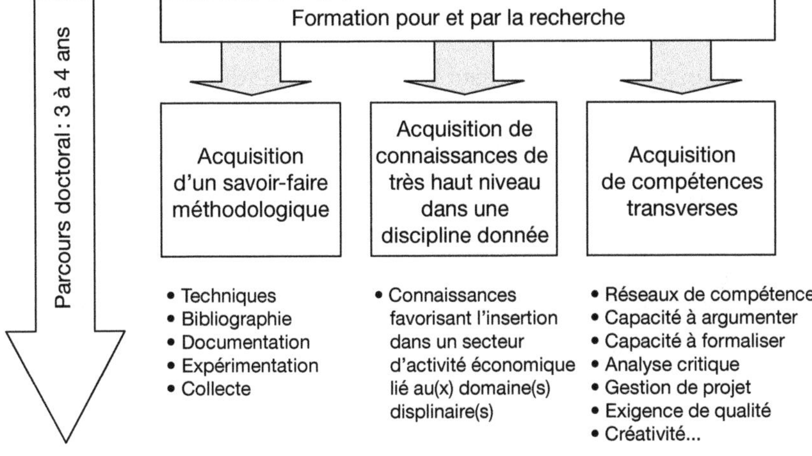

Figure 4 – Le parcours doctoral

La soutenance de thèse

La soutenance est publique, sauf dérogation accordée à titre exceptionnel si le projet de recherche présente un caractère confidentiel avéré.

Avant la soutenance, le résumé de la thèse est diffusé à l'intérieur de l'université ou des établissements bénéficiant d'une accréditation conjointe. Après la soutenance, une diffusion de la thèse est assurée au sein de l'ensemble de la communauté universitaire. Dans le cadre des délibérations, le jury apprécie la qualité des travaux du candidat, son aptitude à les situer dans leur contexte scientifique ainsi que ses qualités d'exposition. Lorsque les travaux correspondent à une recherche collective, la part personnelle de chaque candidat est appréciée par un mémoire qu'il rédige et présente individuellement au jury.

Le rapport de soutenance peut indiquer l'une des mentions suivantes : honorable, très honorable, très honorable avec félicitations. Pour le postulant, il s'agit de mettre en lumière lors de sa présentation d'une vingtaine de minutes quelle est la « thèse de sa thèse ». Il appartient au doctorant de faire ressortir ce qu'il a voulu démontrer à partir d'une question de départ sur un objet de recherche donné : formulation des hypothèses visant à expliquer le phénomène examiné, exposition de la démarche méthodologique suivie pour faire la démonstration de la validité des hypothèses, présentation et argumentation de la conclusion qui a transformé les hypothèses de départ en thèse, chaque chapitre correspondant à une étape de la démonstration.

Peu connue des employeurs, les caractéristiques de la soutenance méritent d'être rappelées :

- l'autorisation de présenter en soutenance une thèse est accordée par le président de l'université après avis du directeur de l'école doctorale, sur proposition du directeur de thèse. Les travaux du doctorant sont préalablement examinés par au moins deux rapporteurs habilités à diriger des recherches, et extérieurs à l'école doctorale et à l'université où est inscrit le candidat ;

- les rapporteurs font connaître leur avis par des rapports écrits sur la base desquels le président d'université autorise la soutenance, sur avis du directeur de l'école doctorale. Ces rapports sont communiqués au jury et au candidat avant la soutenance. Le jury de thèse comprend entre trois et huit membres choisis en raison de leurs compétences scientifiques, dont au moins la moitié de personnalités françaises ou étrangères, extérieures à l'école doctorale et à l'université. La composition du jury peut faire appel à des personnalités extérieures au monde académique, et notamment à des personnalités compétentes issues des entreprises.

Les règles d'or du management de l'innovation en entreprise

Les huit conditions pour faire de l'innovation le levier du développement :

1. **L'engagement au plus haut niveau de l'entreprise** (des pouvoirs publics, des filières académiques et de recherche) **pour promouvoir une culture de l'innovation**, mettre en place son management, définir ses objectifs et priorités, piloter ses budgets et réalisations.

2. **L'acceptation du changement et la tolérance à l'échec** (dans certaines limites toutefois).

3. **L'accès aux connaissances** est un atout indispensable au développement de l'innovation. Une recherche de haut niveau mondial favorise l'innovation dans la mesure où cette recherche est accessible aux entrepreneurs et peut être transformée en procédés, produits ou services. La qualité des connaissances développées et les conditions d'accès à ces connaissances sont primordiales. La recherche étant le plus souvent le fait d'établissements publics, la qualité de la coopération entre le public et le privé reste un facteur essentiel de ce succès.

4. **La réactivité** est un des facteurs fondamentaux du développement de l'innovation. Le premier à utiliser un nouveau procédé plus performant ou à mettre sur le marché un produit correspondant plus largement aux attentes des consommateurs bénéficie d'avantages importants. Les dispositifs d'aide ou d'incitation doivent en tenir compte. Les PME étant souvent plus réactives que les grandes entreprises demeurent les vecteurs privilégiés de l'innovation, et leur développement doit être encouragé et soutenu.

5. **La prise de risque** est une des conditions du succès. Elle doit s'accompagner de dispositifs permettant de compenser les échecs. Une société innovante sera d'abord une société dans laquelle la

prise de risque ne débouche pas sur des échecs sans lendemain. La fluidité du marché de l'emploi, la possibilité de reclassement des innovateurs ayant échoué sont des conditions importantes du succès.

6. **La formation** permet de préparer les ressources en personnel indispensables au fonctionnement de l'économie. L'innovation crée de nouveaux besoins auxquels la formation, notamment supérieure, doit s'adapter afin de les prendre en compte et même de les anticiper. Des structures de dialogue comme les pôles de compétitivité permettent une mise en commun des besoins et constituent un instrument qui devrait être privilégié pour le pilotage des besoins.

7. **L'ouverture** constitue un facteur important de succès. L'innovation résulte souvent de la rencontre entre des acteurs complémentaires mettant en commun leurs ressources et leurs savoir-faire. Une société innovante est une société ouverte, refusant les corporatismes, les exclusions et toutes formes de protections, tant à l'intérieur des frontières que vis-à-vis de l'extérieur.

8. **La protection des intérêts des innovateurs** au travers notamment des dispositifs de la propriété intellectuelle (brevets, protection des marques et du design…) doit être une des priorités d'État soutenant l'innovation. Ce qui est nouveau ne peut être copié, au moins pendant la période de protection par les brevets et autres dispositifs. Ce sera le moyen pour l'innovateur de rembourser l'investissement souvent important consenti pour le développement de son invention.

Le plan-type d'une définition de fonction

1. Fonctions générales

La description des fonctions générales synthétise, pour la personne concernée et sous forme d'objectifs globaux, les attributions principales. Celles-ci affirment le rôle que doit remplir en permanence le collaborateur.

2. Attributions et responsabilités permanentes

La définition des attributions et des responsabilités permanentes permet à l'entreprise de définir le périmètre des responsabilités qu'il délègue au collaborateur. Toute attribution déléguée au collaborateur implique pour celui-ci le pouvoir, la responsabilité et les moyens de l'exercer. Cette délégation associe la confiance envers le collaborateur et le contrôle de l'exercice de cette délégation.

La précision de la délégation formulée dans la définition de fonction conditionne en grande partie la plus ou moins grande fréquence des conflits potentiels. Elle favorise les arbitrages en s'appuyant sur un cadre de référence et privilégie dans la résolution des difficultés le factuel sur l'affect.

3. Rapports hiérarchiques et liens fonctionnels

- Rapports hiérarchiques vers le niveau supérieur ;
- rapports hiérarchiques vers les niveaux inférieurs ;
- liens fonctionnels avec les différentes activités.

Les liaisons hiérarchiques doivent être définies dès qu'il y a au moins deux niveaux de hiérarchie. Si tous les collaborateurs dépendent du chef d'entreprise, la description de celles-ci s'avère inutile. Les liens fonctionnels sont créés par le fait d'avoir de l'autorité sur des activités. De telles relations apparaissent dans l'entreprise dès lors qu'elle fait appel à des spécialistes. Ces relations peuvent doubler ou croiser des liens hiérarchiques.

Une grande attention doit être apportée à la définition des relations hiérarchiques et fonctionnelles dans des organisations matricielles de plus en plus complexes, fonctionnant dans des modes réseaux peu hiérarchiques, dans lesquelles il est parfois difficile de discerner qui doit décider et qui assume la responsabilité. Cela est particulièrement vrai pour des missions qu'assument des profils comme les docteurs qui se caractérisent par une large autonomie, des structures flexibles et changeantes.

4. Domaines et limites de responsabilité

- Vis-à-vis du personnel, vis-à-vis des partenaires ou sous-traitants ;
- concernant les méthodes et les procédures ;
- concernant les budgets ;
- concernant le matériel ;
- concernant la propriété intellectuelle, la confidentialité et la protection du patrimoine de l'entreprise, la gestion du système d'information de l'entreprise ;
- concernant la non-concurrence.

Les domaines de responsabilité viennent compléter la délégation des attributions. En matière de recherche et d'innovation, de nombreuses dispositions viennent généralement préciser tout ce qui relève de la confidentialité, de la propriété intellectuelle et de la concurrence.

5. Réception et transfert d'informations

- Reçoit des informations de telle personne ou tel service ;
- transmet des informations à telle personne ou à tel service ;
- se réunit avec ...

Ces données sont intéressantes pour définir le fonctionnement quotidien du système d'information dans l'entreprise : relations entre les services de recherche, les bureaux d'études et de développement, la production, le service clients, le marketing ou encore le service commercial.

6. Critères de performance

Les critères de performance définissent les éléments qui vont permettre à chacun (chef d'entreprise, managers et collaborateurs) de savoir à l'avance comment la contribution et les performances seront appréciées et éventuellement valorisées (notamment dans le cas d'une rémunération comprenant une part variable ou des allocations de primes). Cette démarche, qui prend la forme généralement d'une lettre de missions et d'objectifs annuels, sera source d'objectivité ultérieure dans les rapports entre le collaborateur et son management.

Le Crédit impôt recherche

Principales dispositions applicables aux dépenses de R&D 2008

À partir de l'année 2008, la part en accroissement à 40 % et le plafond du CIR à 16 millions d'euros sont supprimés. Le CIR est assis uniquement sur le volume de R&D déclaré par les entreprises :

- 30 % des dépenses de R&D pour une première tranche jusqu'à 100 millions d'euros ;
- 5 % des dépenses de R&D au-delà de ce seuil de 100 millions d'euros.

Pour les entreprises qui demandent à en bénéficier pour la première fois, le taux de cette tranche est de 50 % l'année d'entrée dans le dispositif et de 40 % la deuxième année.

L'enveloppe fiscale de cette mesure – qui représente aujourd'hui 1,4 milliard d'euros – se montera à quelque 3 milliards d'euros.

Le plafond du crédit d'impôt recherche est de 16 millions d'euros, au titre des dépenses de 2007, par entreprise et par an.

Toutes les entreprises industrielles, commerciales ou agricoles, ainsi que les associations régies par la loi de 1901 (sous certaines conditions) sont concernées.

Les mesures retenues sont principalement celles concernant la veille technologique, les moyens humains et matériels affectés à la recherche, la recherche sous-traitée, les brevets et leur défense.

Le crédit d'impôt recherche est imputé sur l'impôt à payer, sinon, il est remboursé au terme de la troisième année. Cependant, il est immédiatement restitué :

- aux entreprises nouvelles (l'année de création et les quatre années suivantes) ;
- aux jeunes entreprises innovantes ;
- aux PME de croissance (« gazelles »).

Les entreprises qui ne peuvent ni l'imputer, ni se le voir rembourser ont la possibilité de mobiliser la créance que représente le crédit d'impôt recherche auprès d'un organisme financier (BNP Paribas, Oseo, Société générale).

Principales dispositions du CIR applicables à l'emploi des docteurs[1]

Les dépenses de personnel concernant les chercheurs et les techniciens de recherche affectés aux travaux de R&D à retenir sont les salaires, avantages en nature, primes et cotisations sociales obligatoires (sont exclus les taxes assises sur les salaires, l'intéressement ou la participation qui bénéficient déjà d'avantages sociaux ou fiscaux).

Les chercheurs et techniciens de recherche affectés à temps partiel ou en cours d'année à des opérations de R&D sont pris en compte au prorata du temps effectivement consacré à ces opérations.

Lorsque ces dépenses se rapportent à des personnes titulaires d'un doctorat ou d'un diplôme équivalent, elles sont prises en compte pour le double de leur montant pendant les douze premiers mois suivant leur premier recrutement, à condition que le contrat de travail de ces personnes soit à durée indéterminée et que l'effectif salarié de l'entreprise ne soit pas inférieur à celui de l'année précédente.

L'article 49-G de l'annexe III du Code général des impôts (CGI) précise la notion de personnel de recherche et de développement qui comprend les chercheurs et les techniciens de recherche.

Les dépenses de fonctionnement sont fixées forfaitairement et couvrent, notamment, les dépenses de personnel (secrétaires, personnel commercial…), les stagiaires, les dépenses administratives, les matières premières…

Ces dépenses sont fixées forfaitairement à :

- 75 % des dépenses de personnel qui se rapportent aux chercheurs et techniciens de recherche ;
- 200 % des dépenses de personnel (salaire non doublé) qui se rapportent aux personnes titulaires d'un doctorat ou d'un diplôme

---

1. Extraits – se reporter au guide du CIR ou aux textes en vigueur.

équivalent, pendant les douze premiers mois suivant leur premier recrutement, à la double condition que le contrat de travail soit à durée indéterminée et que l'effectif salarié de l'entreprise ne soit pas inférieur à celui de l'année précédente.

La convention Cifre

La relation contractuelle entre l'entreprise et le jeune collaborateur Cifre

L'entreprise s'engage à confier à ce jeune diplômé un travail de recherche en liaison directe avec un laboratoire extérieur dans le cadre d'un contrat de travail à durée indéterminée ou déterminée de trois ans (article D 121.1d du code du travail).

Elle verse au jeune collaborateur Cifre un salaire supérieur ou égal à 23 484 euros (chiffres 2008 : salaire annuel, brut, hors charges patronales).

Pendant les trois ans que dure la convention Cifre, l'entreprise se voit attribuer une subvention forfaitaire annuelle de 17 000 euros (chiffres 2008), que lui verse l'Association nationale de la recherche technique (ANRT), responsable de la gestion et de l'animation des conventions Cifre, pour le compte du ministère de l'Enseignement supérieur et de la Recherche.

Conditions d'attribution liées aux statuts de chacun des trois partenaires

- L'entreprise doit être de droit français.
- Le candidat, âgé d'environ 26 ans, est titulaire d'un diplôme de niveau bac + 5 récent. Il ne devra pas s'être engagé dans un doctorat depuis plus d'un an. Il s'agit pour lui d'une première expérience professionnelle. Il a vocation à faire carrière en entreprise. La procédure Cifre est ouverte à toute nationalité. Dans les cas de diplômés non ressortissants de l'Union européenne, l'entreprise devra leur obtenir une autorisation de travail à temps plein.
- Le laboratoire sera implanté dans une université, une école, un organisme public de recherche, un centre technique. Il doit être reconnu et ne peut être un laboratoire étranger. Il doit pouvoir

encadrer efficacement le candidat de façon à lui donner un accompagnement de qualité.

Critères d'éligibilité fixés par l'ANRT

Le projet associant les trois partenaires – entreprise/jeune diplômé/ laboratoire – doit :

- répondre à une stratégie générale de l'entreprise : le sujet proposé doit faire partie d'une volonté de développement de l'entreprise et être lié à son domaine d'activité ;
- donner une formation effective en entreprise : en fin de convention, le docteur doit pouvoir justifier d'une expérience professionnelle ;
- proposer un sujet ouvert sur le monde de l'entreprise : en cas de recherche d'emploi, le collaborateur Cifre doit pouvoir valoriser ses acquis méthodologiques et scientifiques.

Quelques recommandations

Pour tirer pleinement parti de la convention Cifre en créant le maximum de valeur pour chacun des trois partenaires, l'entreprise, le doctorant et le laboratoire doivent veiller :

- à une bonne définition du thème de recherche ;
- aux modalités de :
  - fonctionnement qui doit respecter un bon équilibre entre présence en entreprise et en laboratoire ;
  - pilotage et d'encadrement du projet ;
  - communication des résultats qui doivent permettre au doctorant d'assurer sa charge de communication académique et la légitime protection du patrimoine économique de l'entreprise (stratégie de développement, thèmes de recherche, expertises et savoir-faire, propriété intellectuelle des résultats de la recherche ou connexes à celle-ci…) ;
- à la constitution d'un dossier administratif complet : les différents experts doivent pouvoir trouver dans le dossier tous les éléments nécessaires à leur décision.

Contact utile

Association nationale de la recherche technique (ANRT)
Service Cifre
41, boulevard des Capucines – 75002 Paris
Tél. : 01 55 35 25 60 – fax : 01 55 35 25 55
cifre@anrt.asso.fr
Site Internet : www.anrt.asso.fr

Les missions doctorants-conseils

La mission du doctorant-conseil

La mission du doctorant-conseil est « une activité exercée sous la forme d'une mission effectuée par un doctorant dans une entreprise, une administration ou une collectivité territoriale, en parallèle à son travail de doctorat au sein d'une unité de recherche. Le thème de cette mission se situe dans le domaine des compétences acquises par le doctorant tout au long de son parcours ; il ne présente pas nécessairement un lien direct avec son sujet de recherche ».

Ce dispositif très souple permet ainsi à une entreprise (notamment une PME) qui a besoin d'une assistance ou d'un conseil scientifique, technologique, marketing, financier, juridique… d'accéder aux compétences d'un jeune chercheur et à ses réseaux de compétences, et de profiter du haut niveau de qualification des doctorants pour leur confier une mission de trente-deux jours maximum dans des domaines et des modalités d'intervention très variés :

- veille technologique ;
- formation du personnel ;
- recherches bibliographiques et documentaires ;
- rédaction de rapports ;
- contribution à des expertises ;
- recherche des possibilités d'application dans l'entreprise des travaux effectués dans le laboratoire universitaire ;
- analyse de la concurrence ;
- réalisation de sites Internet ;
- consultance sur des techniques ou méthodologies ;
- projet ;

- modélisation ;
- expérimentation ;
- protocoles de tests ;
- validation de solutions techniques ;
- recherche d'outils méthodologiques…

Conditions de mise en œuvre

Les doctorants-conseils sont recrutés et rémunérés par les universités qui se chargent, quant à elles, de la commercialisation des missions auprès des entreprises. Le recrutement du doctorant-conseil par l'université fait l'objet d'un contrat entre le doctorant salarié et l'université. Ce contrat-cadre prévoit la réalisation d'une ou plusieurs missions en entreprise, pour le compte de l'université (en 2007-2008, les doctorants-conseils bénéficient d'un contrat pour une durée annuelle de 32 jours, répartis selon les besoins et rémunérés 4 020 €).

Ce dispositif est ouvert à tous les doctorants qui sont bénéficiaires d'un contrat doctoral (allocation de recherche, BDI, allocations régionales), à l'exclusion des conventions Cifre.

Chaque mission est effectuée dans le cadre d'une convention tripartite entre l'université, l'entreprise (ou administration, collectivité territoriale) et le doctorant, prévoyant la facturation de la mission par l'université (ou le PRES, ou tout autre établissement d'enseignement supérieur) à l'entreprise, aux conditions du marché. Le doctorant est associé à – ou est à l'origine de – la détermination de sa mission avec l'entreprise et l'université (par l'intermédiaire de l'école doctorale).

Il bénéficie d'un accompagnement mis en place par l'université (possibilité de faire appel à un référent, par exemple).

Comment initier une mission doctorants-conseils ?

Les entreprises peuvent contacter directement les universités, en s'adressant à leurs écoles doctorales, ou bien déposer leurs propositions de missions sur le site de l'ABG pour leur donner toute la publicité voulue.

Contacts utiles

Sites Internet spécialisés pour les docteurs et doctorants

Association Bernard Gregory (www.abg.asso.fr/) : orienté emplois en entreprise, plus d'un millier de CV de jeunes docteurs de toutes les disciplines, publication gratuite des offres des entreprises, informations et conseils pour les docteurs et doctorants, formation.

Arborescience (www.arborescience.com) : site dédié à l'emploi scientifique. Les offres d'emploi sont triées par discipline. Cela va de la start-up à la grande entreprise, et de la biologie à l'environnement ou encore la physique théorique. Beaucoup d'offres de thèses mais aussi des postes de R&D, de consultants, de chefs de projets ou encore de chercheurs.

La Guilde (http://guilde.jeunes-chercheurs.org/) : association ayant pour objectif la mise en commun sur le réseau Internet d'informations et de ressources consacrées aux formations doctorales.

Higher Education Careers Services Unit (www.prospects.ac.u) : services carrières de l'enseignement supérieur britannique : informations et contacts, CVthèque, salons de recrutement.

New Scientist Jobs (www.newscientistjobs.com) : le site demande un enregistrement gratuit qui permet de personnaliser les emplois proposés. Possibilité de sélectionner des offres venant des secteurs académique/public/privé.

Nature Jobs (www.nature.com/naturejobs) : site de la revue du même nom. Beaucoup d'informations disponibles sur ce site, CVthèque.

PhD Jobs (www.phdjobs.com) : site commercial, très nombreuses offres et demandes pour l'Europe et les pays anglo-saxons.

Science Careers (http://sciencecareers.sciencemag.org) : regroupe toutes les informations sur les emplois et les carrières publiées par le magazine américain *Science*, édité par l'Association américaine pour l'avancement de la science. Recherche parmi les offres d'emploi, dépôt de CV, liste de diffusion. La très grande majorité des annonces vient des USA.

Sciences gig (www.sciencegig.com) : site commercial dédié à l'emploi scientifique : chercheurs en biologie, chimie, biotechnologies, sciences…

Sites Internet génériques de recherche d'emploi

Aéro Emploi Formation.com (www.aef.cci.fr) : portail dédié aux métiers de l'aéronautique, du spatial et de la défense. Nombreuses offres d'emploi. Annuaire du recrutement. Informations métiers.

ANPE (www.anpe.fr) : très générique pour des emplois correspondant à tous niveaux de formation.

Apec (www.apec.fr) : un excellent site pour les jeunes diplômés. Beaucoup d'informations sur le marché de l'emploi et les métiers cadres. La possibilité, après inscription gratuite, de répondre en ligne à certaines offres (avec CV et LM), de suivre les résultats des candidatures. L'inscription à L'Apec est gratuite dans l'année suivant l'obtention d'un diplôme de niveau Bac + 4 ou supérieur.

Association pour faciliter l'insertion professionnelle des jeunes diplômés (www.afij.org) : offres d'emploi et de stage sur la France et l'International, annuaire des agences d'intérim, des cabinets de recrutement et des entreprises partenaires du site.

Cabinet-recrutement.org (www.cabinet-recrutement.org) : site recensant les cabinets de recrutement par régions et par secteur, offres et demandes d'emploi, annuaire des cabinets de recrutement.

Cadres Online (www.cadresonline.com) : déposer des CV et des lettres de motivation après inscription gratuite permettant de répondre en ligne aux offres d'emploi, conseils pratiques pour gérer la recherche d'emploi, possibilité de créer des profils de recherche sélectionnant automatiquement les offres les plus pertinentes.

Emploi.org (www.emploi.org) : liens vers de très nombreux sites emplois.

Job Pilot (www.fr.jobpilot.ch) : offres d'emploi et de stages en Suisse et en Europe dans tous les secteurs d'activités, gamme complète de services gratuits.

Monster (www.monster.fr) : moteur de recherche commercial sur l'emploi très performant avec recherche par mots-clés.

Qualisteam (http://fr.qualisteam.com) : site dédié aux métiers de la banque, de la finance et des assurances.

Recrut (www.recrut.com) : ciblé sur Paris et l'Île de France. Beaucoup d'offres. Dépôt des offres et des demandes d'emploi gratuit, informations.

Stepstone (www.stepstone.fr) : très nombreuses offres d'emploi sur l'ensemble de l'Europe.

Autres sites Internet

Adit (www.adit.fr) : société ayant pour missions principales l'intelligence concurrentielle et stratégique pour les grandes entreprises engagées dans la compétition internationale ; l'intelligence territoriale pour accompagner les projets de développement et d'innovation des PME-PMI ; la prospective et veille technologique mondiale au profit des acteurs économiques français. Site de veille technologique internationale très intéressant (www.bulletins-electroniques.com).

ANDèS (www.andes.asso.fr) : association française de docteurs qui rassemble les docteurs scientifiques de toutes disciplines, quels que soient leur âge, leur statut professionnel, qu'ils résident en France ou à l'étranger.

Annuaire des écoles doctorales et des unités de recherche (www.campusfrance.org ou http://dr.education.fr/ed_ur.htm).

Annuaire des entreprises de France (www.aef.cci.fr) : coordonnées des entreprises.

ANRT (www.anrt.fr) : informations sur la recherche et l'innovation, Futuris, les Cifre.

Confédération des jeunes chercheurs (http://cjc.jeunes-chercheurs.org) : la CJC est une association qui représente les doctorants et nouveaux docteurs au niveau national et confédère les associations locales de jeunes chercheurs qui définissent ses priorités. Elle est membre d'Eurodoc, l'association européenne des jeunes chercheurs.

Conseil national des ingénieurs et des scientifiques de France – CNISF (www.cnisf.fr) : observatoire des ingénieurs, études.

Écoles doctorales en sciences chimiques (www.sfc.fr/EcoleDoctorale/pagepresentation.htm) : portail de toutes les écoles doctorales intervenant en chimie.

European University Association (EUA) (www.eua.be) : l'EUA représente et assiste les institutions d'enseignement supérieur de 46 pays et constitue un forum d'échanges et de coopération pour promouvoir et soutenir les politiques de développement de l'enseignement supérieur et de la recherche en Europe (notamment processus de Lisbonne, Barcelone et Bologne) cf. déclaration de Glasgow du 15 avril 2005.

Fédération Syntec (www.syntec.fr) : informations sur les métiers du conseil, de l'informatique et de l'ingénierie (nombreux sites rattachés pour chacun des métiers).

Gifas (www.gifas.asso.fr) : entreprises de l'aéronautique et du spatial, annuaires entreprises, liens emploi, informations et salons métiers.

Instituts Carnot (www.instituts-carnot.eu) : un potentiel de 6 500 doctorants, 2 000 thèses/an sur les thématiques suivantes : technologies de l'information et de la communication, micro-électronique, micro et nanotechnologies, matériaux mécaniques et procédés, énergie et environnement, transport moteurs propulsion et carburants, chimie, sciences de la terre (gestion et exploitation des ressources naturelles, défense de l'environnement), sciences de la vie et technologies pour la santé, construction génie civil et aménagement du territoire, sciences humaines et sociales.

Les entreprises du médicament (www.leem.org) : informations métiers de l'industrie du médicament, l'emploi et le recrutement.

Ministère de l'Enseignement supérieur et de la Recherche (www.enseignementsup-recherche.gouv.fr/).

Onisep (www.onisep.fr) : informations sur les métiers et les filières de formation.

Oseo (www.oseo.fr) : établissement public de l'État, ayant pour mission de financer et d'accompagner les PME, en partenariat avec les banques et les organismes de capital-investissement, dans les phases les plus décisives du cycle de vie des entreprises.

Salons Online (www.salons-online.com) : portail des salons professionnels et des salons de recrutement.

Société française de chimie (http://www.sfc.fr) : association ayant pour objectif la promotion de la chimie dans ses aspects scientifiques, éducatifs et appliqués.

Société française de physique (http://sfp.in2p3.fr) : association reconnue d'utilité publique dont le but est de faire rayonner la physique en France en y associant tous les physiciens français.

Société de mathématiques appliquées et industrielles (http://smai. emath.fr) : son objectif est de contribuer au développement des mathématiques appliquées à travers la recherche, les applications dans les entreprises, les publications, l'enseignement et la formation des chercheurs et ingénieurs.

Société mathématique de France (http://smf.emath.fr) : elle a pour but « l'avancement et la propagation des études de mathématiques pures et appliquées ».

Union des industries chimiques (www.uic.fr) : informations sur les métiers de la chimie, annuaire des entreprises.

Union des industries et des métiers de la métallurgie (www.uimm.fr) : informations sur les métiers de la métallurgie et liens.

Orientation bibliographique

L'Articulation recherche-innovation, Institut Montaigne, septembre 2002.

Améliorer le transfert de connaissances entre les organismes de recherche et les entreprises à travers l'Europe : vers l'innovation ouverte, Commission des communautés européennes, COM(2007) 182 final, avril 2007.

Avoir des leaders dans la compétition universitaire mondiale, Institut Montaigne, rapport, octobre 2006.

La Co-opétition, une révolution dans la manière de jouer concurrence et coopération, B. Nalebuff et A. Brandenburger, Village Mondial, 1996.

De la performance à l'excellence, devenir une entreprise leader, J. Collins, Village Mondial, 2006.

Déclaration de Glasgow, European University Association, avril 2005.

EUA Conference "Research Training as a Key to a Europe of Knowledge", Conclusions Maastricht, 28 – 30 Octobre 2004.

Des labos au marché : en finir avec le gâchis, A. Dumas, Institut Montaigne, juin 2007.

Éloge de la différence, A. Jacquard, Seuil, 1978.

Guide du Crédit d'impôt recherche 2008, ministère de l'Enseignement supérieur et de la Recherche, département de la Communication, janvier 2008.

L'Innovation agile, J.-F. Lacoste-Bourgeacq, P. Crapart, G. Lauga, P. Morin, Afnor, 2007.

Innovation et recherche technologique, état de la situation et bilan au 31/12/2006, ministère de l'Enseignement supérieur et de la Recherche, direction générale de la Recherche et de l'Innovation.

Innovation, la nouvelle frontière : 10 propositions pour développer la croissance par l'innovation, Medef, février 2007.

Innover pour durer, favoriser l'ex-centricité dans l'entreprise, P. WILLE-MARCK, de Boeck, 2006.

Intégrer docteurs et doctorants dans l'entreprise : un enjeu majeur pour l'économie de la connaissance, Fédération SYNTEC, mai 2006.

L'Espace européen de la recherche : nouvelles perspectives, Commission des communautés européennes, Livre vert, COM(2007) 161 final, avril 2007.

L'État des lieux de l'emploi scientifique en France, ministère de l'Enseignement supérieur et de la Recherche, Observatoire de l'emploi scientifique, rapport, février 2007.

La Prospective stratégique pour les entreprises et les territoires, M. GODET, P. DURANCE, Dunod, 2008.

La Recherche et l'innovation en France, ministère de l'Enseignement supérieur et de la Recherche, Département de la communication, brochure 2008.

La Recherche et l'innovation en France, FutuRIS, J. LESOURNE et D. RANDET (dir.), Odile Jacob, 2008.

La Terre est plate. Une brève histoire du XXIe siècle, T. FRIEDMAN, Paris, Ed. Saint-Simon, octobre 2006.

Les Carrières des chercheurs dans les entreprises privées, Centre d'études de l'emploi, rapport de recherche, septembre 2005.

Métier de chercheur, regard d'un anthropologue, B. LATOUR, Inra, 2001.

Mettre le savoir en pratique : une stratégie d'innovation élargie pour l'UE, Commission des communautés européennes, COM(2006) 502 final, septembre 2006.

Révélons l'excellence, Comité Richelieu, Livre blanc, février 2007.

conception
réalisation
mise en page
pca
44405 Rezé cedex

Imprimé en Allemagne par BoD
Dépôt légal : janvier 2022